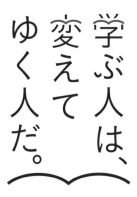

学ぶ人は、
変えて
ゆく人だ。

目の前にある問題はもちろん、

人生の問いや、

社会の課題を自ら見つけ、

挑み続けるために、人は学ぶ。

「学び」で、

少しずつ世界は変えてゆける。

いつでも、どこでも、誰でも、

学ぶことができる世の中へ。

旺文社

JN035981

TOEIC® L&Rテスト
文で覚える単熟語
SCORE 800

メディアビーコン 著

藤枝暁生 監修

テーマ別

文単

旺文社

はじめに

「単語の暗記が苦手で，なかなか覚えられない」
「単語学習が単調な作業となってしまい，苦痛を感じる」
あなたもこんな悩みを抱えていませんか？

そんな方にこそ手に取っていただきたいのが本書です。
通称「文単」シリーズでは，見出し語を文脈で覚えられるため，
・**単熟語が記憶に残りやすい**
・**本番で使える，実践的な語彙力が身につく**
というメリットがあります。

また，TOEIC® L&R テスト頻出のテーマ別に単熟語を体系的に学習できることも本書の特長の１つです。頻出のテーマ別に単熟語をまとめて覚えると，知っている語句から文書のトピックを推測できるようになるので，より速く・正確に英文が読めるようになり，スコアアップに直結します。

本書では，本番の試験問題にできるだけ近づけて，リアルな英文を作成しました。そのため，繰り返し取り組むことで，単語力増強のみならず TOEIC® L&R テスト特有の英文に慣れるという効果も期待できます。

さらに，音声を使って五感をフル活用した学習を行えば，より学習効果が高まるでしょう。

本書でみなさんが TOEIC® L&R テストの目標スコアを達成されることを，心より願っています。

メディアビーコン

もくじ

はじめに ……………………………………………… 2
本書の構成 …………………………………………… 6
付属音声について …………………………………… 8
発音記号表 …………………………………………… 12

企業・オフィス

1 社内施設の案内 …………………………………… 14
2 社内研修の案内 …………………………………… 18
3 サービス事業者向けウェビナー ………………… 22
4 新しい機器の導入 ………………………………… 26
5 オフィス内の省エネに向けて …………………… 30
6 広告宣伝の予算 …………………………………… 34
7 製品の収益報告 …………………………………… 38
8 会社の歴史 ………………………………………… 42
9 サービス拡大に向けた企業合併 ………………… 46
10 社内会議時間の調整 ……………………………… 50
11 戦略的な資金の再割り当て ……………………… 54
　　 確認テスト ………………………………………… 58

商品・サービス

1 発注・在庫管理 …………………………………… 62
2 生地の手配 ………………………………………… 66
3 デジタルマーケティング ………………………… 70
4 電子レンジの使用マニュアル …………………… 74
5 コピー機の不具合 ………………………………… 78
6 事務用品の請求 …………………………………… 82
7 定期購読の更新 …………………………………… 86
8 クーポンの発行 …………………………………… 90
9 AIのカスタマーサービス ………………………… 94
　　 確認テスト ………………………………………… 98

不動産・工事

1 マンションの入居者向け案内 …………………… 102
2 オフィスビルの工事案内 …………………………… 106
3 モールの跡地にホテルがオープン ……………… 110
4 賃貸物件の定期点検 ……………………………… 114
5 オフィスビルの清掃 ……………………………… 118
6 博物館のレイアウト変更 ………………………… 122
7 オフィスの賃貸契約 ……………………………… 126
8 ドローンでの新工場エリア探し ………………… 130
9 ホテルのリノベーション ………………………… 134
　　確認テスト ………………………………………… 138

イベント・コミュニティー

1 見本市への出店案内 ……………………………… 142
2 カンファレンスのプログラム案内 ……………… 146
3 市の芸術祭 ………………………………………… 150
4 有名作家のサイン会 ……………………………… 154
5 プレミア上映会への招待状 ……………………… 158
6 福祉活動賞の受賞 ………………………………… 162
7 再生エネルギーの取り組み ……………………… 166
8 市のゴミ廃棄ルール ……………………………… 170
9 歴史的地所の観光 ………………………………… 174
10 ガーデニングの講習会 …………………………… 178
11 通行止めの案内 …………………………………… 182
　　確認テスト ………………………………………… 186

求人・勤務

1 プロジェクトマネージャーの求人広告 ………… 190
2 求人への応募 ……………………………………… 194
3 入社時に必要な書類 ……………………………… 198
4 応募者の推薦状 …………………………………… 202
5 就職説明会 ………………………………………… 206

6 入社の手続き ……………………………… 210

7 インターンシップ ……………………………… 214

8 社内異動・役職交代 ……………………………… 218

9 フレックスタイム制 ……………………………… 222

10 リモートワーク ……………………………… 226

確認テスト ……………………………… 230

メディア・宣伝・アナウンス

1 テレビドラマに関する宣伝 ……………………………… 234

2 3企業のコラボ店舗がオープン ……………………………… 238

3 SNSキャンペーン ……………………………… 242

4 最新式の家電紹介 ……………………………… 246

5 サマーセールのアナウンス ……………………………… 250

6 成功者のプロフィール ……………………………… 254

7 ARソフトの宣伝 ……………………………… 258

8 科学館でのクラウドファンディング ……………………………… 262

9 受講コースのレビュー ……………………………… 266

10 イマーシブシアターのレビュー ……………………………… 270

確認テスト ……………………………… 274

さくいん ……………………………… 277

監修・コラム執筆：藤枝暁生

編集協力：Jason A. Chau，鹿島由紀子，株式会社友人社

組版：株式会社 日之出印刷，幸和印刷株式会社

装幀・本文デザイン：相馬敬徳（Rafters）

イラスト：bowlgraphics. Inc

録音：ユニバ合同会社

ナレーション：Howard Colefield，Ann Slater，Emma Howard，
Jeffrey Rowe，Kelvin Barnes，大武芙由美

本書の構成

 ❶ 商品・サービス

❷ **4 電子レンジの使用マニュアル** ❸ 説明書

❹
How to Install Your New ¹Countertop Microwave Oven

1. Oven ²Inspection:

Prior to installation, remove all packaging and accessories. Check for any signs of damage, like dents,* ³scratches, or a ⁴faulty door. If you find any of these, please return the unit and ask for a ⁵replacement.

2. Oven Preparation:

Attach the rubber legs to the base of the oven. These allow air to pass underneath and help with cooling. Remove the tape holding the door closed and the cushioning supporting the plate inside. Check that the plate can ⁶rotate freely.

3. Placement Selection:

- Select a flat surface that offers ⁷sufficient room for the ⁸intake and ⁹exhaust vents* at the sides and the rear. There should be a ¹⁰minimum distance of 5cm between the oven and the walls and at least 15cm above the oven to ¹¹allow for cooling.
- Install the oven away from radios and televisions to ¹²minimize reception ¹³interference.

4. Electrical Connection:

- Locate an available ¹⁴household electrical ¹⁵outlet.
- ¹⁶Verify that the outlet's voltage and frequency ¹⁷correspond with those listed on the oven's label.
- Connect the oven to the outlet.

5. Safety Advisories:

- Avoid placing the oven above any other ¹⁸appliance that ¹⁹generates heat, as ²⁰excessive heat may ²¹shorten the ²²lifespan of your microwave oven.

❺ (206 words)

❻ *dent へこみ、くぼみ vent 排出口、ベント

74

❼
新しい ¹調理台用電子レンジの設置方法

1. レンジの ²点検:

設置の前に、すべての梱包材と付属品を取り除いてください。へこみ、³傷、または ⁴欠陥のある扉など、破損のいかなる兆候もないことを確認してください。これらのうなものが見つかった場合は、ユニットを返品し、⁵交換を依頼してください。

2. レンジの準備:

レンジの底にゴム足を取り付けてください。これは、空気が下を通ることを可能にし、冷却を助けます。閉められた扉を押さえているテープと中の皿を支えているクッションや緩衝材を取り除いてください。皿が自由に ⁶回転できることを確認してください。

3. 配置:

- 側面と背面の ⁸吸気口と ⁹排気管用の ⁷十分なスペースがある平らな場所を選んでください。レンジと壁の間に ¹⁰最小でも5センチの距離、そしてレンジの上部には冷却 ¹¹のために少なくとも15センチ確保するようにしてください。
- 受信 ¹³障害 ¹²を最小限に抑えるため、レンジはラジオやテレビから離れた場所に設置してください。

4. 電気接続:

- 利用できる ¹⁴家庭用電気 ¹⁵コンセントを探してください。
- コンセントの電圧と周波数が、レンジのラベルに記載されているものと ¹⁷一致していることを ¹⁶確認してください。
- レンジをコンセントに接続してください。

5. 安全に関する注意事項:

- ²⁰過度の熱は電子レンジの ²²寿命を縮めるかもしれないので、レンジは熱 ¹⁹を発する他の ¹⁸器具の上に置かないでください。

❽
> **マニュアル・説明書の読み方**
> 製品の使い方や組み立て方などを説明する文書は頻繁に登場しますが、読み方にコツがあります。文中では1番から5番まで太字で示されていますが、この小見出しだけ先に読んで構成を頭に入れることで、説明書全体の構成を把握してしまえば、理解のスピードが驚くほど速くなります。

75

電子レンジの使用マニュアル ❿

❾
1 □□ **countertop** [káʊntərtὰ(ː)p]	🅝 調理台
2 □□ **inspection** [ɪnspékʃən]	🅝 点検、検査 🅥 inspect を検査する
3 □□ **scratch** [skrǽtʃ]	🅝 (体やものの) ひっかき傷 🅥 をひっかく
4 □□ **faulty** [fɔ́ːlti]	🅐 欠陥のある、不具合のある 🅐 defective
5 □□ **replacement** [rɪpléɪsmənt]	🅝 交換；返却；代用品；代理人 🅥 replace を取り替える 🅥 replace A with B 「A を B と取り替える」も頻出
6 □□ **rotate** [róʊteɪt] ❶	🅥 回転する、を回転させる 🅝 rotation 回転；交代
7 □□ **sufficient** [səfíʃənt] ❶	🅐 十分な 🅐 adequate 🅐 insufficient 不十分な
8 □□ **intake** [íntèɪk]	🅝 吸入口；(水・空気などの) 取り入れ
9 □□ **exhaust** [ɪɡzɔ́ːst]	🅝 排気；排気管 🅥 を排出する
10 □□ **minimum** [mínəməm]	🅝 最小 [低] 限の 🅐 最小 [低] 限 🅐 maximum 最大の；最大限
11 □□ **allow for ~**	~を考慮する、~を見越す 🅐 take into account

76

12 □□ **minimize** [mínəmàɪz]	🅥 を最小限にする 🅥 maximize を最大化する
13 □□ **interference** [ìntərfíərəns]	🅝 障害；干渉 🅥 interfere 干渉する
14 □□ **household** [háʊshòʊld]	🅐 家庭の 🅝 household items 家庭用品
15 □□ **outlet** [áʊtlet] ❶	🅝 コンセント、差し込み口 🅝 「小売販売店」の意味も
16 □□ **verify** [vérɪfàɪ]	🅥 を確認する 🅝 verification 証明、立証
17 □□ **correspond** [kɔ̀ːrəspά(ː)nd]	🅥 一致する、調和する (with ~に) 🅥 differ 異なる
18 □□ **appliance** [əpláɪəns]	🅝 (家庭用の) 器具 🅝 電子レンジやオーブンなどの総称語として、Part 1 で頻出
19 □□ **generate** [dʒénərèɪt]	🅥 (電気や熱) を発生させる；を生み出す
20 □□ **excessive** [ɪksésɪv]	🅐 過度の、度を越した 🅐 excessively 過度に 🅐 moderate 適度な；中くらいの
21 □□ **shorten** [ʃɔ́ːrtn]	🅥 を短くする、を縮める 🅥 lengthen を長くする、を伸ばす
22 □□ **lifespan** [láɪfspæn]	🅝 寿命

77

❶テーマ……60 の長文が 6 つのテーマに分かれています。

❷長文タイトル……この長文のタイトルです。

❸長文の形式……長文は TOEIC でよく見られる形式になっています。

❹長文……英文中の重要な単熟語が赤字になっており，数字は単熟語
ページの見出し語に対応しています。

❺音声のアクセント……長文の読み上げ音声（p.8 参照）のナレーター
のアクセントを，それぞれアメリカ・イギリス・カナダ・オースト
ラリアの国旗マークで示しています。見出し語の読み上げはすべて
アメリカ英語です。

❻注……長文の中に出てくる注意すべき語句や構文について説明して
います。

❼全訳……長文の日本語訳です。

❽コラム……知っておくとスコアアップに役立つ TOEIC に関するコ
ラムを掲載しています。

❾発音記号……見出し語の読み方を表す記号です（詳細は p.12 参照）。特
に発音・アクセントに注意が必要な語に❶を付けています。

❿語義その他……TOEIC 受験に必要なものを取り上げています。他動
詞の語義には基本的に小文字で「を」「に」などを示しています。そ
の他，派生関係にある語や類義語，反意語，補足，用例などを掲載
しています。

確認テスト　各テーマで学習した単熟語の確認ができるテストです。記
憶があいまいだったものは，各ページに戻って復習しましょ
う。

表記について

動 動 動詞　　**名** 名 名詞　　　　　　（　　　）……省略可能／補足説明

形 形 形容詞　　**副** 副 副詞　　　　　[　　　]……直前の語句と言い換え可能

前 前 前置詞

　　　　　　　　　　　　　　　　　　　　A, B……*A, B* に異なる語句が入る

≒ 類義語　　　　　　　　　　　　　　*one's, oneself*……人を表す語句が入る

⇔ 反意語　　　　　　　　　　　　　　*do*……動詞の原形が入る

● 補足説明，用例など　　　　　　　　　*doing*……動名詞，現在分詞が入る

　　　　　　　　　　　　　　　　　　　to *do*……不定詞が入る

付属音声について

本書に掲載されている以下の音声をスマートフォンなどでお聞きいただけます。

収録内容

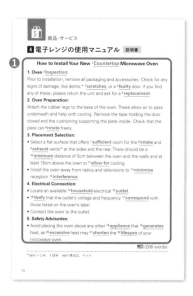

❶ 長文（英語）

❷ 見出し語（英語）

❸ 見出し語の訳（※）

※赤字部分のうち，最初に掲載している
品詞の訳を読み上げています。

音声のご利用方法

3種類の方法で音声をお聞きいただけます。

パソコンで音声データ（MP3）をダウンロード

❶ 以下の URL から，Web 特典にアクセス

https://service.obunsha.co.jp/tokuten/toeicbuntan/

❷ 本書を選び，以下の利用コードを入力してダウンロード

tsv800 　※すべて半角英数小文字

❸ ファイルを展開して，オーディオプレーヤーで再生
　音声ファイルは zip 形式にまとめられた形でダウンロードされます。展開後，
　デジタルオーディオプレーヤーなどで再生してください。

※音声の再生には MP3 を再生できる機器などが必要です。
※ご利用機器，音声再生ソフトなどに関する技術的なご質問は，ハードメーカーもしくはソフトメーカーにお願いいたします。
※本サービスは予告なく終了することがあります。

公式アプリ「英語の友」（iOS／Android）で再生

❶ 「英語の友」公式サイトより，アプリをインストール

https://eigonotomo.com/

　左の二次元コードから読み込めます。

❷ アプリ内のライブラリより本書を選び，「追加」ボタンをタップ

旺文社リスニングアプリ
英語の友

※本アプリの機能の一部は有料ですが，本書の音声は無料でお聞きいただけます。
※詳しいご利用方法は「英語の友」公式サイト，あるいはアプリ内のヘルプをご参照ください。
※本サービスは予告なく終了することがあります。

アプリ「abceed」，または「mikan」で再生

詳しくは次ページをご覧ください。

AI 英語教材「abceed」について

　本書は AI 英語教材「abceed」に対応しています。スマートフォンやタブレット，PC での利用が可能です。

音声の再生方法

- 無料の Free プランで，リスニングアプリ「英語の友」で配信しているものと同じ音声をお聞きいただけます。
- 倍速再生／シャッフル再生／区間リピート再生が可能です。
- スマートフォン，タブレットの場合はアプリをダウンロードしてご使用ください。
- アプリは abceed 公式サイトからダウンロードしていただけます。

https://abceed.com

 左の二次元コードからもアクセスできます。

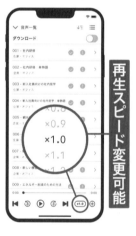

再生スピード変更可能

※ 有料学習機能への対応は 2024 年 9 月頃を予定しています。
※ 使い方は，www.abceed.com でご確認ください。
※ abceed は株式会社 Globee のサービスです。
　abceed に関するお問い合わせは株式会社 Globee までお願いいたします。

英語アプリ「mikan」について

　本書は英語アプリ「mikan」に対応しています。スマートフォンやタブレットでの利用が可能です。

音声のダウンロード方法

❶ 英語アプリ「mikan」を右の二次元コードまたは下記 URL よりインストールします。

> https://mikan.link/obunsha/toeic-buntan

❷ アプリ内の教材一覧より検索バーをタップし，書籍名を入力します。

> 文で覚える単熟語

❸ 教材詳細画面の音声タブから，リスニングアプリ「英語の友」で配信しているものと同じ音声が無料で再生できます。再生スピードを変更することも可能です。

他機能（有料）のご紹介

　「mikan」なら，隙間時間を利用して『TOEIC® L&R テスト 文で覚える単熟語』を学習できる機能がそろっています。

4択テスト

カードめくり

長文学習

電子書籍

※「mikan」は株式会社 mikan のサービスです。
※「mikan」に関するお問い合わせは株式会社 mikan までお願いいたします。

発音記号表

本書では代表的な発音を 1 つだけ掲載しています。
発音記号はあくまで参考であることをご了承ください。

母音

発音記号	例	発音記号	例
[i:]	eat [i:t]	[u]	casual [kǽʒuəl]
[i]	happy [hǽpi]	[u:]	school [sku:l]
[ɪ]	sit [sɪt]	[eɪ]	cake [keɪk]
[e]	bed [bed]	[aɪ]	eye [aɪ]
[æ]	cat [kæt]	[ɔɪ]	boy [bɔɪ]
[ɑ:]	palm [pɑ:lm]	[aʊ]	house [haʊs]
[ʌ]	cut [kʌt]	[oʊ]	go [goʊ]
[ə:r]	bird [bə:rd]	[ɪər]	ear [ɪər]
[ə]	above [əbʌ́v]	[eər]	air [eər]
[ər]	doctor [dɑ́(:)ktər]	[ɑ:r]	heart [hɑ:rt]
[ɔ:]	law [lɔ:]	[ɔ:r]	morning [mɔ́:rnɪŋ]
[ʊ]	pull [pʊl]	[ʊər]	poor [pʊər]

※母音の後の [r] は，アメリカ英語では直前の母音が r の音色を持つことを示し，イギリス英語では省略されることを示す。

子音

発音記号	例	発音記号	例
[p]	pen [pen]	[v]	very [véri]
[b]	book [bʊk]	[θ]	three [θri:]
[m]	man [mæn]	[ð]	this [ðɪs]
[t]	top [tɑ(:)p]	[s]	sea [si:]
[t̬]	water [wɔ́:t̬ər]	[z]	zoo [zu:]
[d]	dog [dɔ(:)g]	[ʃ]	ship [ʃɪp]
[n]	name [neɪm]	[ʒ]	vision [víʒən]
[k]	cake [keɪk]	[h]	hot [hɑ(:)t]
[g]	good [gʊd]	[l]	lion [láɪən]
[ŋ]	ink [ɪŋk]	[r]	rain [reɪn]
[tʃ]	chair [tʃeər]	[w]	wet [wet]
[dʒ]	june [dʒu:n]	[hw]	white [hwaɪt]
[f]	five [faɪv]	[j]	young [jʌŋ]

※ [t̬] はアメリカ英語で弾音（日本語のラ行に近い音）になることを示す。
※斜体および [(:)] は省略可能であることを示す。

企業・オフィス

1 社内施設の案内 ……………………………………… 14

2 社内研修の案内 ……………………………………… 18

3 サービス事業者向けウェビナー ………………… 22

4 新しい機器の導入 ………………………………… 26

5 オフィス内の省エネに向けて …………………… 30

6 広告宣伝の予算 …………………………………… 34

7 製品の収益報告 …………………………………… 38

8 会社の歴史 ………………………………………… 42

9 サービス拡大に向けた企業合併 ………………… 46

10 社内会議時間の調整 ……………………………… 50

11 戦略的な資金の再割り当て ……………………… 54

確認テスト …………………………………………… 58

企業・オフィス

1 社内施設の案内 会話

W: Hi, Jack. Welcome to the staff at Adventure Park! I'm Sarah. I'm in ¹**Human Resources**.

M: Nice to meet you. Thanks for meeting me at the gate.

W: No problem! I'll be ²**showing** you **around** today. Let's start with a ³**brief** tour of some key areas you'll need to ⁴**be familiar with** as a member of the engineering department.

M: Thanks. Where are we going first?

W: It's almost lunchtime, so we'll go to the staff cafeteria first. It's a great spot for meals and breaks, and we offer a wide variety of healthy meal ⁵**options**. Prices are very reasonable, but today you'll ⁶**get to** enjoy a complimentary lunch as a welcoming ⁷**gesture**.

M: Great! I'm looking forward to it. Will we ⁸**head over to** the engineering department after that?

W: We'll get there ⁹**eventually**, but I need to take you to visit the ¹⁰**corporate** offices before that. You'll find various ¹¹**administrative** departments there. It's good to know where these are located ¹²**in case** you need ¹³**assistance** with ¹⁴**paperwork** or have meetings.

M: Got it. I have some documents I need to ¹⁵**drop off** there, too.

W: Great! Then after that, we'll head to your main ¹⁶**workspace**. And I also need to show you the staff entrance and the ¹⁷**storage shed**. They're kept ¹⁸**out of sight**, so you might need a map until you ¹⁹**get accustomed to** everything.

W: 🇺🇸 M: 🇦🇺 (220 words)

W：こんにちは，Jack。Adventure 公園のスタッフへようこそ！ 私は Sarah です。¹人事部に所属しています。

M：はじめまして。出入口でお迎えいただきありがとうございました。

W：とんでもないです！ 今日は私が²ご案内します。まずは，技術部門の一員として⁴知っておくべき重要なエリアをいくつか³簡単にご案内することから始めましょう。

M：ありがとうございます。まずはどこへ行くのですか。

W：もうすぐお昼なので，まず社員食堂に行きましょう。食事や休憩に最適なスポットで，健康的な食事の豊富な⁵選択肢を提供しています。値段はとてもお手頃ですが，今日は歓迎の⁷しるしとして，無料の昼食を楽しむ⁶ことができます。

M：うれしいです！ 楽しみにしています。その後に技術部門⁸に向かうのですか。

W：⁹最終的にそこへ行く予定ですが，その前に¹⁰会社のオフィスの訪問にあなたを連れて行く必要があります。そこにはさまざまな¹¹管理部門があります。¹⁴事務書類の¹³手伝いが必要な場合や打ち合わせがある¹²場合に備えて，どこにこれらがあるか知っておくといいと思います。

M：わかりました。私もそこに¹⁵届けなければならない書類があるんです。

W：良かったです！ そうしたらその後，あなたの主要な¹⁶作業場に向かいましょう。それと，スタッフの通用口と¹⁷物置小屋もお見せする必要がありますね。これらは¹⁸見つけにくい場所にあるので，すべて¹⁹に慣れるまでは地図が必要かもしれません。

社内ツアー

TOEIC では新入社員や転入者に対して，本社や工場の案内ツアーが計画されることがあります。大抵の場合，警備室に立ち寄って ID バッジをもらってからスタートし，カフェテリアでの昼食をはさんで，最後にその人が配属される職場に向かうことになります。

社内施設の案内

1 □□ **Human Resources**	人事部 🔲 Personnel
2 □□ **show ~ around**	（人）を案内する，（人）に見せて回る
3 □□ **brief** [briːf]	形 簡潔な，短い 副 briefly 少しの間
4 □□ **be familiar with ~**	~に精通している 🔲 be acquainted with ~ 🔄 be unfamiliar with ~ ~に詳しくない
5 □□ **option** [ɑ́(ː)pʃən]	名 選択肢 形 optional 選択の，任意の 🔲 choice
6 □□ **get to ~**	~することができる；~に着く
7 □□ **gesture** [dʒéstʃər] ❶	名 （心情の）しるし，意思表示 🔲 token ● 「身振り・手振り（ジェスチャー）」よりも「しるし」の意味で頻出
8 □□ **head over to ~**	~に向かう 🔲 head for ~
9 □□ **eventually** [ɪvéntʃuəli]	副 最終的に，結局
10 □□ **corporate** [kɔ́ːrpərət]	形 会社の 名 corporation 会社
11 □□ **administrative** [ədmínəstrèɪṭɪv]	形 管理の 名 administration 管理；行政

12 ☐☐ **in case ...**	…の場合に備えて
13 ☐☐ **assistance** [əsístəns]	**名** 手伝い，援助 **動 名** assist を助ける；助力　**名** assistant 助手
14 ☐☐ **paperwork** [péɪpərwə̀ːrk]	**名** 事務書類；事務手続き
15 ☐☐ **drop off**	～を届ける；～を車から降ろす
16 ☐☐ **workspace** [wə́ːrkspèɪs] ❶	**名** 作業場 ● より広い空間を指すのは workplace「仕事場」
17 ☐☐ **storage shed**	物置小屋
18 ☐☐ **out of sight**	人目につかない ● sight「視界」の out「外（で）」ということ
19 ☐☐ **get accustomed to ～**	～に慣れる **冒** get used to ～

1

企業・オフィス

2 社内研修の案内 　説明

Good morning, everyone. This is an announcement for employees across all departments. **¹Management** has **²organized** an **³intensive ⁴workshop** on interdepartmental communication strategies. The workshop will cover updated **⁵policies**, communication tools, and collaborative methods **⁶tailored** to **⁷enhance** our overall **⁸performance**. The **⁹highlight** of the session will be a presentation **¹⁰showcasing** success stories and case studies of effective communication strategies from **¹¹leading** companies.

We're **¹²bringing in** outside speakers who will **¹³encourage** everyone **to ¹⁴participate** **¹⁵actively** by sharing past experiences and discussing potential solutions for any **¹⁶existing** communication problems.

To **¹⁷ensure** your availability, we ask that you schedule your work assignments before or after the time of the session. In the case that you are unable to attend for reasons **¹⁸beyond your control**, you must **¹⁹notify** your department head **²⁰beforehand** to be able to watch a recording of the session on an **²¹alternative** date.

The workshop is scheduled for next Thursday in the Main Conference Room. You are asked to bring a pen and paper **²²as well as** your computer. Further details will be provided in the coming days. Thank you, and we look forward to seeing you there!

🟦 (186 words)

皆さん，おはようございます。これは全部門の従業員に向けたお知らせです。¹経営陣は，部門間のコミュニケーション戦略に関する³集中⁴ワークショップ²を企画しました。このワークショップでは，最新の⁵方針，コミュニケーションツール，そして全体的な⁸実績⁷を向上させるために⁶調整された協力的な方法を取り上げます。セッションの⁹目玉は，¹¹一流企業の効果的なコミュニケーション戦略の成功事例や事例研究¹⁰を紹介するプレゼンテーションです。

我々は外部講師¹²を招く予定で，講師の方たちは皆さんが過去の経験を共有したり，¹⁶現状のコミュニケーションの問題に関する潜在的な解決策について話し合ったりすることで，¹⁵積極的に¹⁴参加する¹³ことを促してくれます。

ご都合がつくこと¹⁷を確実にするため，セッションの時間よりも前または後に仕事を入れていただきますようお願いいたします。¹⁸やむを得ない理由のため出席できない場合は，必ず²⁰事前に部長¹⁹に連絡し，²¹別の日にセッションの録画を視聴できるようにしてください。

このワークショップは来週の木曜日に大会議室で行われる予定です。ペンと紙に²²加えてコンピューターをご持参ください。詳細は追ってお知らせいたします。ありがとうございました，皆さんのご参加をお待ちしております！

社内研修の案内

---

1 ☐☐
management
[mǽnɪdʒmənt] ❶

名 経営陣；経営
動 manage を管理する　名 manager 経営者，管理人

---

2 ☐☐
organize
[ɔ́ːrɡənàɪz]

動 を準備する，を計画する
名 organization 組織

---

3 ☐☐
intensive
[ɪnténsɪv]

形 短期集中的な
副 intensively 激しく；集中的に
⇔ extensive 広範囲にわたる

---

4 ☐☐
workshop
[wə́ːrkʃà(ː)p]

名 ワークショップ，講習会；作業場

---

5 ☐☐
policy
[pá(ː)ləsi]

名 方針，政策

---

6 ☐☐
tailor
[téɪlər]

動 を調整する〈for ～のために〉；服を仕立てる
名 仕立て屋
形 tailored オーダーメードの

---

7 ☐☐
enhance
[ɪnhǽns]

動 を高める，を向上させる
⇔ reduce を小さくする

---

8 ☐☐
performance
[pərfɔ́ːrməns]

名 実績，パフォーマンス；上演；演技
動 perform を演じる，行う

---

9 ☐☐
highlight
[háɪlàɪt]

名 呼びもの；ハイライト，重要点
動 を目立たせる

---

10 ☐☐
showcase
[ʃóʊkèɪs]

動 を紹介する，を売り込む，をアピールする

---

11 ☐☐
leading
[líːdɪŋ]

形 一流の；主要な
名 先導，案内
● leading role 主役

2

12 □□ **bring in**	～を参加させる，～を取り込む
13 □□ **encourage A to do**	A に～するように勧める ● encouraging「激励の，励みとなる」も頻出
14 □□ **participate** [pɑːrtísɪpèɪt]	動 参加する 名 participation 参加 ● participate in ～ ～に参加する
15 □□ **actively** [ǽktɪvli]	副 積極的に 動 activate を活性化する　形 active 活発な，積極的な
16 □□ **existing** [ɪgzístɪŋ]	形 現在の；既存の 動 exist 存在する；実在する
17 □□ **ensure** [ɪnʃúər]	動 を確実なものにする ≒ make sure (that) ～
18 □□ **beyond one's control**	～の手に負えない ● beyond は「(範囲を) 超えて」の意
19 □□ **notify** [nóʊʈəfàɪ]	動 に知らせる
20 □□ **beforehand** [bɪfɔ́ːrhænd]	副 前に，あらかじめ ⇔ afterwards 後で
21 □□ **alternative** [ɔːltə́ːrnəṭɪv] ❶	形 代わりの 名 代わるもの 副 alternatively その代わりに
22 □□ **A as well as B**	B だけでなく A も ≒ not only B but also A

企業・オフィス

❸ サービス事業者向けウェビナー 説明

Welcome to today's **¹webinar** on building stronger customer relations.
²When it comes to building strong ties with our **³clientele**, effective
communication is key.

First, always **⁴acknowledge** any **⁵inconvenience** a customer might
have experienced. Even if it's a minor issue, showing that you
understand and care is **⁶valuable**. **⁷Moreover**, I recommend making a
small, **⁸generous** gesture, like offering a discount or an extra service.
Such acts go a long way in saving the relationship and ensuring the
client is **⁹satisfied**.

The ultimate goal should be to create **¹⁰loyal** customers. The best way
to do this is to show that you **¹¹value** them. Regularly check on
customer satisfaction, provide special discounts for repeat customers,
and thank them for choosing your business. By doing so, you **¹²not only**
¹³retain customers **but also** **¹⁴substantially** increase the chances of
them recommending your services to others.

Finally, always ensure you communicate in a respectful and professional
¹⁵manner. Never **¹⁶discourage** customers **from** expressing their
concerns or suggestions. **¹⁷Addressing** issues **¹⁸promptly** and
effectively can turn a potentially negative situation around **¹⁹in no time**.

In the next part of the webinar, I will provide some examples of
customer relations **²⁰disasters** and successes that I have encountered
over the years.

(200 words)

より強固な顧客関係の構築に関する本日の¹ウェビナーに，ようこそご参加ください
ました。³顧客との強い絆を築く²こととなると，効果的なコミュニケーションがカギ
となります。

3

まず，顧客が経験したかもしれない⁵不都合 を常に⁴認識しましょう。たとえそれが
ささいな問題であっても，あなたが理解し，気にかけていることを示すのは⁶価値の
あることです。⁷さらに，割引や追加サービスを申し出るなど，ささやかで⁸寛大な態
度をとることをお勧めします。そのような行為は，関係を保ち，顧客に⁹満足しても
らうために大いに役立ちます。

最終的な目標は，¹⁰常連の顧客を作ることであるべきです。そのための最善の方法
は，あなた方が顧客¹¹を大切にしていることを示すことです。定期的に顧客満足度を
チェックし，リピーターには特別割引を提供し，あなたのビジネスを選んでくれたこ
とに感謝します。そうすることで，顧客¹³を維持する¹²だけでなく，彼らがあなた方
のサービスを他の人に勧める可能性も¹⁴大幅に高まります。

最後に，いつでも必ず敬意を表して，プロフェッショナルな¹⁵態度でコミュニケーショ
ンをとるようにしましょう。決して顧客が懸念や提案を表明¹⁶するのを妨げてはなり
ません。¹⁸迅速にかつ効果的に問題¹⁷に対処することは，潜在的に好ましくない状況
を¹⁹あっという間に好転させることができます。

ウェビナーの次の部分では，私が長年にわたって遭遇してきた顧客対応の²⁰失敗例と
成功例をご紹介します。

動名詞の意味上の主語

まれに，動名詞の前に代名詞が置かれることがあります。第3段落4文目の the chances
of them recommending your services to others. の them(=customers) がそれです。
「彼ら（＝顧客）があなたのサービスを他の人に勧めてくれる可能性」という意味です
が，この them を置かないと，「あなたがあなたのサービスを他人に勧める可能性」という意
味になってしまいます。この them を動名詞の意味上の主語と言います。目的格ではな
く，所有格の their が使われることもあります。

1 ☐☐ **webinar** [wébɪnàːr]	**名** ウェビナー ● web と seminar を合わせた造語で, オンライン開催のセミナーのこと
2 ☐☐ **when it comes to 〜**	〜のこととなると, 〜に関して言うと **圁** as for 〜, regarding
3 ☐☐ **clientele** [klàɪəntél]	**名** 顧客, 常連 **圁** client, customer
4 ☐☐ **acknowledge** [əkná(ː)lɪdʒ] ❶	**動** を認識する; を認める **形** acknowledged 認められた
5 ☐☐ **inconvenience** [ìnkənvíːniəns]	**名** 不都合 **動** に不便をかける ↔ convenience 好都合, 利便性
6 ☐☐ **valuable** [vǽljuəbl]	**形** 大切な, 価値のある **副** valuably 高価に; 有益に
7 ☐☐ **moreover** [mɔːróuvər] ❶	**副** さらに, その上 **圁** furthermore
8 ☐☐ **generous** [dʒénərəs]	**形** 寛大な; 気前の良い **副** generously 寛大に, 気前良く ● generous offer 寛大な申し出
9 ☐☐ **satisfied** [sǽtɪsfàɪd]	**形** 満足した〈with 〜に〉 **動** satisfy を満足させる　**名** satisfaction 満足
10 ☐☐ **loyal** [lɔ́ɪəl]	**形** 常連の; 忠誠心のある **名** loyalty 忠誠　**副** loyally 忠実に ● cf. royal 王国の
11 ☐☐ **value** [vǽljuː]	**動** を評価する, を尊重する **名** 価値 **形** valuable 貴重な; 高価な

12 ☐☐ **not only *A* but also *B***	A だけでなく B も
13 ☐☐ **retain** [rɪtéɪn]	動 を保つ，を保持する
14 ☐☐ **substantially** [səbstǽnʃəli]	副 十分に，相当に 形 substantial 相当な
15 ☐☐ **manner** [mǽnər]	名 態度；方法 ● in a timely manner 適時に，タイムリーに
16 ☐☐ **discourage *A* from *doing***	A が〜するのを妨げる ≒ keep *A* from *doing* ⇔ encourage *A* to *do* A が〜することを奨励する
17 ☐☐ **address** [ədrés]	動 に対処する；に演説する 名 住所；アドレス；演説 ● 動詞・名詞どちらの意味でも頻出の多義語
18 ☐☐ **promptly** [prá(:)mptli]	副 すぐに 形 prompt 即座の ≒ immediately, quickly
19 ☐☐ **in no time**	あっという間に
20 ☐☐ **disaster** [dɪzǽstər]	名 大失敗，困った事態；災害 ≒ catastrophe

企業・オフィス

4 新しい機器の導入 E メール

To: All staff
From: Alexandro Sanchez
Subject: New printer

Dear Team,

I am **¹delighted** to report the purchase of our new office printer. This advanced device promises **²significant** **³improvements** in printing speed, cost efficiency, and print quality. The **⁴manufacturer** has provided a **⁵detailed** **⁶brochure** **⁷outlining** its unique **⁸features**, which can be downloaded on the company portal.

One of the standout features is its user-friendly touchscreen. **⁹In the event that** you experience any **¹⁰malfunctions** or problems with the printer, please notify the IT team immediately. **¹¹Refrain from** attempting any repairs on your own. While the machine comes with a five-year **¹²warranty**, damage **¹³resulting from** **¹⁴unauthorized** repair **¹⁵attempts** is not covered.

Employees may replace ink cartridges when necessary. If stock is running low, please **¹⁶inform** the **¹⁷general affairs department**. **¹⁸Bear in mind** that it may take up to 24 hours for replacements to arrive.

Although the printer is connected to the office network, it won't be **¹⁹operational** on individual computers until set up **²⁰properly**. The IT team has prepared a user's manual to check if you **²¹run into** any issues during setup.

Sincerely,

Alexandro

🇺🇸 (182 words)

宛先：従業員各位
差出人：Alexandro Sanchez
件名：新しいプリンター

チームの皆さん

新しいオフィスプリンターの購入を報告できることを [1]うれしく思います。この先進的な機器は，印刷速度，費用対効果，印刷品質の [2]大幅な [3]向上を約束するものです。[4]メーカーから，その独自の [8]機能 [7]を説明した [5]詳細な [6]パンフレットが提供されており，それは会社のポータルサイトからダウンロードできます。

際立った特徴の1つは利用者に優しいタッチスクリーン画面です。プリンターの [10]故障や問題が発生 [9]した場合は，直ちに IT チームにお知らせください。どんな修理もご自身で試みることは [11]控えてください。本機には5年間の [12]保証が付いていますが，[14]無許可の修理の [15]試みが [13]もたらす損害は補償されません。

従業員は必要に応じてインクカートリッジを交換してください。在庫が少なくなった場合は，[17]総務部 [16]にお知らせください。交換品が到着するまで最大24時間かかる場合がありますこと [18]をご了承ください。

プリンターはオフィスのネットワークに接続されていますが，[20]適切にセットアップされるまでは，個々のコンピューターでは [19]使用できません。IT チームは，セットアップの途中で問題 [21]に遭遇した場合に確認するための使用者用マニュアルを作成しました。

敬具

Alexandro

主語と be 動詞の省略

「時」を表す until や「条件」を表す if など，特定の接続詞が使われる英文では，従属節の主語と be 動詞が省略されることがあります。第4段落1文目の until set up properly は，until it(=the printer) is set up properly が元の形です。文をすっきりさせるために it is が省略されているわけです。したがって，set の正体は名詞ではなく過去分詞です。

1 □□
delighted
[dɪláɪtɪd]

形 （大いに）喜んで
動 名 delight を喜ばせる；喜び

2 □□
significant
[sɪgnífɪkənt] ❶

形 かなりの；重要な
副 significantly 著しく

3 □□
improvement
[ɪmprúːvmənt]

名 向上；改善（点）
動 improve を改良する；良くなる

4 □□
manufacturer
[mǽnjufǽktʃərər]

名 製造業者
動 名 manufacture を製造する；製造

5 □□
detailed
[díːteɪld]

形 詳細な
名 detail （通例 -s）詳細な情報；細部
● detailed plan 詳細な計画

6 □□
brochure
[brouʃʊ́ər] ❶

名 パンフレット，小冊子
🗐 leaflet

7 □□
outline
[áʊtlàɪn] ❶

動 を説明する，を概説する
名 概略；輪郭

8 □□
feature
[fíːtʃər] ❶

名 （装置などの）機能；特徴
動 を呼びものにする；主役を演じる
形 featured 呼びものの，主演の

9 □□
**in the event
that ...**

…という場合は
● event は「出来事」の意

10 □□
malfunction
[mælfʌ́ŋkʃən]

名 （機械などの）不調
🗐 breakdown （システムなどの）不調

11 □□
refrain from ～

～を差し控える

4

12 ☐☐ **warranty** [wɔ́(:)rənṭi]	名 保証；保証書
13 ☐☐ **result from ~**	~に起因する，~に由来する ⇔ result in ~　~という結果になる
14 ☐☐ **unauthorized** [ʌnɔ́θəràɪzd]	形 公認されていない ⇔ authorized 公認された，権限を与えられた
15 ☐☐ **attempt** [ətémpt]	名 試み，努力 動 を試みる，を企てる ≒ try
16 ☐☐ **inform** [ɪnfɔ́:rm]	動 に知らせる ● inform A of B A に B を知らせる
17 ☐☐ **general affairs department**	総務部
18 ☐☐ **bear in mind**	~を心に留めておく〈that ... …ということ〉
19 ☐☐ **operational** [à(:)pəréɪʃənəl]	形 運転できる 動 operate 働く；を操作する　名 operation 作業；実施 ● fully operational 完全に使用・操作できる
20 ☐☐ **properly** [prá(:)pərli]	副 適切に 形 proper 適切な
21 ☐☐ **run into ~**	（困難・問題など）に出くわす ≒ encounter

5 オフィス内の省エネに向けて 説明

The last item we have to discuss on today's meeting ¹**agenda** is energy ²**conservation**. I've been ³**investigating** our monthly ⁴**expenses**, and I've noticed a ⁵**dramatic** increase in our electricity bills. It is ⁶**frustrating** that we are ⁷**consuming** more power at a time when the price of electricity is ⁸**on the rise**. This directly impacts our ⁹**operating costs** and affects our profitability.

However, as we search for ¹⁰**solutions**, we must make sure that the changes we ¹¹**implement** ¹²**are compatible with** our daily operations. We cannot simply turn off the air conditioners as this will affect ¹³**productivity**.

I have a couple of suggestions to begin this discussion. First, we should focus on reducing our air conditioning bills. One suggestion could be providing a personal desk fan for each employee in spring, and during this season, we'll shut off the air conditioners completely. Second, I'd propose that we ¹⁴**reconsider** our office ¹⁵**attire**. Wearing warmer clothing in winter and removing our jackets and ties in summer might help.

If you have any ideas on other ways to make the office more energy-¹⁶**efficient**, please ¹⁷**submit** them in a group chat. ¹⁸**Hopefully**, we can get our running costs back down to normal levels by this time next year.

🇬🇧 (202 words)

今日のミーティング¹議題で話し合わなければいけない最後の項目は，エネルギーの²節約です。毎月の⁴支出³を調査しているのですが，電気代の⁵劇的な増加に気付きました。電気代が⁸値上がりしているときに，より多くの電力⁷を消費しているのは⁶悔しいことです。これは我々の⁹運営費に直接的に影響し，収益性にも影響します。

5

しかし，¹⁰解決策を模索する際には，我々が¹¹実施する変更が必ず日常業務¹²と両立できることを確認しなければなりません。¹³生産性へ影響が出るので単純にエアコンを消すわけにはいきません。

この議論を始めるにあたり，いくつか提案があります。まず，空調費を削減することに焦点を当てるべきです。1つの提案として，春は個人用のデスクファンを各従業員に支給し，この季節にはエアコンを完全に停止します。次に，オフィスの¹⁵服装¹⁴を見直すことを提案します。冬はより暖かい服を着て，夏はジャケットとネクタイを着用しないことが助けになるかもしれません。

オフィスをよりエネルギー¹⁶効率を良くする他の方法について考えがあれば，グループチャットでそれら¹⁷を投稿してください。¹⁸うまくいけば，来年の今頃には，維持費を通常のレベルにまで下げることができるでしょう。

コスト削減策の定番

文中では，一定時期のエアコンの停止とクールビズ・ウォームビズといった服装規定緩和による経費削減が提案されていますが，TOEIC で最も多い経費削減策はペーパーレス化です。このペーパーレス化は，2 ページ／枚の印刷や，両面印刷を含みます。また，カラー印刷やカラーコピーも，特別な場合を除き禁止されます。

オフィス内の省エネに向けて

1 ☐☐ **agenda** [ədʒéndə]	名 議題
2 ☐☐ **conservation** [kà(:)nsərvéiʃən]	名 節約；保存 動 conserve を節約する；を保存する
3 ☐☐ **investigate** [ɪnvéstɪgèɪt] ❶	動 を調査する 名 investigation 調査，研究
4 ☐☐ **expense** [ɪkspéns] ❶	名 支出；費用 動 に請求する 形 expensive 高価な　副 expensively ぜいたくに
5 ☐☐ **dramatic** [drəmǽtɪk]	形 劇的な 副 dramatically 劇的に
6 ☐☐ **frustrating** [frʌ́streɪtɪŋ]	形 悔しい，いらいらさせるような 形 frustrated いらいらしている
7 ☐☐ **consume** [kənsjúːm]	動 を消費する 名 consumer 消費者 ⇔ produce を生産する
8 ☐☐ **on the rise**	増加している ≒ increasing
9 ☐☐ **operating cost**	運営費
10 ☐☐ **solution** [səlúːʃən]	名 解決策，解決法 動 solve を解決する ● provide a solution 解決策を提示する
11 ☐☐ **implement** [ímplɪmənt] ❶	動 を実行する 名 implementation 実施 ⇔ hinder を妨害する

12 □□ **be compatible with 〜**	〜と両立できる
13 □□ **productivity** [pròʊdʌktívəṭi]	名 生産性 名 production 生産（高） 形 productive 生産的な
14 □□ **reconsider** [rì:kənsídər]	動 を再考する 名 reconsideration 再考
15 □□ **attire** [ətáɪər]	名 服装，衣装 ≒ clothes, garment
16 □□ **efficient** [ɪfíʃənt]	形 効率の良い 副 efficiently 効率的に
17 □□ **submit** [səbmít] ❶	動 を投稿する，を提出する 名 submission 提出
18 □□ **hopefully** [hóʊpfəli]	副 うまくいけば；希望を持って

5

企業・オフィス

6 広告宣伝の予算 会話

M1: Hi, guys. I'd like to talk to you about the budget for our ¹**laundry detergent** marketing campaign. According to the latest market research, social media has great ²**potential** for household cleaning products. We'll need to increase the ³**advertising** budget to start on a new platform, though.

M2: Mike, I ⁴**am skeptical about** social media marketing. Do you think it would ⁵**make sense** for us to switch from radio advertising?

M1: I understand your concerns. However, the data shows that our customers are more active on social platforms. Furthermore, our brand is ⁶**highly regarded**, and it's strange for it to be absent from social media. We might seem ⁷**old-fashioned**. In fact, ⁸**in an attempt to** take our ⁹**market share**, many ¹⁰**competitors** are already there.

W: I wonder if our company image is compatible with social media.

M1: If it isn't, we need to change! We can organize online ¹¹**product demonstrations**, showing the effectiveness of our detergent in real time. These kinds of demos are very ¹²**persuasive**.

W: That does sound ¹³**promising**. But I must ¹⁴**warn** you **about** being too ¹⁵**flexible** with our image. We ¹⁶**invested** a significant amount **in** ¹⁷**promoting** our product as a ¹⁸**high-end** alternative.

M1: I understand that. Our ¹⁹**marketing strategy** will continue to promote that image.

M2: All right, Mike. How much more are you asking us to spend?

M1: 🇨🇦 M2: 🇦🇺 W: 🇺🇸 (214 words)

M1：こんにちは。¹洗濯用洗剤のマーケティングキャンペーンの予算について話し合いたいです。最新の市場調査によると，ソーシャルメディアは家庭用洗浄剤にとって大きな²可能性を秘めています。新しいプラットフォームで始めるためには³広告予算を増やす必要がありますが。

M2：Mike，私はソーシャルメディアマーケティング⁴には懐疑的です。ラジオ広告から切り替えることは我々にとって⁵賢明だと思いますか。

M1：あなたの心配はわかります。しかしながら，データによれば，私たちの顧客はソーシャルプラットフォーム上でより積極的に活動しています。さらに，私たちのブランドは⁶高く評価されており，ソーシャルメディアに現れないのは奇妙なことです。私たちは⁷時代遅れだと思われるかもしれません。実際，私たちの⁹マーケットシェアを奪⁸おうと試みて，多くの¹⁰競合他社がすでにそこへ参入しています。

W：私たちの企業イメージは，ソーシャルメディアと相性が良いのでしょうか。

M1：もしそうでないのなら，変わる必要があります！ オンラインで¹¹製品の実演販売を準備し，私たちの洗剤の効果をリアルタイムで見せることができます。この種の実演はとても¹²説得力があります。

W：それは¹³期待できそうですね。しかし，当社のイメージに¹⁵柔軟になりすぎない¹⁴ように警告しておかなければなりません。¹⁸高級な選択肢として製品¹⁷を宣伝するために，私たちは多額の¹⁶投資をしました。

M1：それは理解しています。私たちの¹⁹マーケティング戦略は，これからもそのイメージを推進していくつもりです。

M2：わかりました，Mike。あとどれくらい多くのお金を使うことを求めているのですか。

1 ☐☐ **laundry detergent**	洗濯用洗剤
2 ☐☐ **potential** [pətén∫əl]	名 可能性 形 可能性を秘めた 副 potentially 潜在的に，もしかすると
3 ☐☐ **advertising** [ǽdvərtàɪzɪŋ]	名 広告 動 advertise を宣伝する，を広告する
4 ☐☐ **be skeptical about ～**	～について疑う 目 be doubtful about ～
5 ☐☐ **make sense**	賢明である；意味が通じる
6 ☐☐ **highly regarded**	高く評価されている 目 highly acclaimed, highly rated ● Part 7 のレビューの文書で頻出の表現
7 ☐☐ **old-fashioned** [òuldfǽ∫ənd]	形 時代遅れの ⇔ up-to-date 最新の
8 ☐☐ **in an attempt to do**	～しようと試みて
9 ☐☐ **market share**	マーケットシェア，市場占有率
10 ☐☐ **competitor** [kəmpétətər]	名 競争相手 動 compete 競争する　名 competition 競争 形 competitive 競争的な　副 competitively 競争して
11 ☐☐ **product demonstration**	製品の実演（販売）

6

12 ☐☐ **persuasive** [pərswéɪsɪv]	形 説得力のある 動 persuade を説得する 副 persuasively 説得力を持って
13 ☐☐ **promising** [prá(:)məsɪŋ]	形 期待できる，見込みのある 動 promise を約束する
14 ☐☐ **warn _A_ about _B_**	A に B を警告する
15 ☐☐ **flexible** [fléksəbl]	形 柔軟な，融通のきく 名 flexibility 柔軟性　⇔ inflexible 柔軟性を欠く ● flexible working hours フレックスタイム制
16 ☐☐ **invest _A_ in _B_**	A を B に投資する
17 ☐☐ **promote** [prəmóʊt] ❶	動 （の販売）を促進する 名 promotion 販売促進，プロモーション活動
18 ☐☐ **high-end** [háɪènd]	形 高級な ⇔ low-end 低価格の
19 ☐☐ **marketing strategy**	マーケティング戦略

企業・オフィス

⑦ 製品の収益報告 会話

M: Hi, Isabella. Is it too late for me to ¹**edit** the ²**figures** in the monthly sales report?

W: We still have a few days before the ³**deadline**. What do you need to ⁴**amend**?

M: It's missing the sales figures of our new smartphone app, EchoSuite, which is a software program we ⁵**released** last month.

W: Oh, that's right. I forgot all about that. It was an ⁶**experimental** product, wasn't it?

M: Yes. The numbers aren't that high, but they're still significant. The product did make a small ⁷**profit**, and the ⁸**board of directors** will be interested to know that.

W: How soon can you get me the ⁹**accurate** figures?

M: The digital sales team is ¹⁰**finalizing** the numbers. I should have the ¹¹**updated** information by this afternoon.

W: Good. Send the new figures to me as soon as you get them.

M: Sure, I will. Shall I point out this ¹²**omission** to the rest of our team?

W: No need. They'll read the final report when it comes out.

M: OK, let's not ¹³**bother** them **with** this.

W: Also, let's ensure we add a ¹⁴**process** for including all digital sales in future reports.

M: I'll put it on the ¹⁵**checklist** and ¹⁶**remind** the digital sales team **to** give us their data by the ¹⁷**due** date.

M: 🇨🇦 W: 🇬🇧 (203 words)

M：こんにちは，Isabella。私が月次売上報告書の ²数字 ¹を編集する には，遅すぎますか。

W：³締め切りまでまだ数日ありますよ。何 ⁴を修正しないといけないのですか。

M：先月 ⁵発売したソフトウェアプログラムである，私たちの新しいスマートフォンアプリの EchoSuite の売り上げが抜けているんです。

W：ああ，そうだった。それについてすっかり忘れていました。⁶実験的な製品でしたよね？

M：はい。数字はそれほど高くはありませんが，それでもかなりのものです。この製品はわずかながら ⁷利益を上げたので，⁸取締役会はそのことをきっと知りたいでしょう。

W：どのくらい早く私に ⁹正確な数字を伝えることができますか。

M：デジタル販売チームが数字 ¹⁰を確定しているところです。今日の午後までには ¹¹最新の情報がわかると思います。

W：良かったです。新しい数字がわかったらすぐに私に送ってくださいね。

M：もちろん，そうします。私たちのチームの他の人にもこの ¹²抜けを指摘しておきましょうか。

W：その必要はありません。彼らは最終報告書が出たときに読むでしょう。

M：わかりました，このことで彼ら ¹³をわずらわせるのはやめましょう。

W：また，今後の報告書には，すべてのデジタル販売を含めるために ¹⁴手順を加えましょう。

M：¹⁵チェックリストに載せて，デジタル販売チームに ¹⁷期限の日までにデータを提出 ¹⁶するようリマインドしておきます。

製品の収益報告

1 ☐☐ **edit** [édɪt]	**動** を編集する；を修正する **名** editor 編集者
2 ☐☐ **figure** [fígjər]	**名** (通例 -s) 数字；重要人物；価格 **≡** number
3 ☐☐ **deadline** [dédlàɪn]	**名** 締め切り
4 ☐☐ **amend** [əménd]	**動** を修正する **名** amendment 修正，改正 **≡** correct
5 ☐☐ **release** [rɪlíːs]	**動** を発売する，を公開する **≡** publish
6 ☐☐ **experimental** [ɪkspèrɪméntəl] ❶	**形** 実験的な **名** experiment 実験　**副** experimentally 実験的に
7 ☐☐ **profit** [prá(ː)fət]	**名** 利益　**動** 得をする **名** profitability 収益性　**形** profitable 有益な ● gross profit 総利益
8 ☐☐ **board of directors**	取締役会，重役会
9 ☐☐ **accurate** [ǽkjərət] ❶	**形** 正確な；精密な **副** accurately 正確に **⇔** inaccurate 不正確な
10 ☐☐ **finalize** [fáɪnəlàɪz]	**動** を決定的にする，を仕上げる **副** finally ついに；最後に
11 ☐☐ **updated** [ʌ̀pdéɪtɪd]	**形** 最新の，更新した **動** **名** update を最新のものにする，を更新する；最新情報

12 ☐☐ **omission** [oumíʃən]	**名** 抜け漏れ；省略 **動** omit を省く，を除外する
13 ☐☐ **bother _A_ with _B_**	A を B のことで困らせる **≒** trouble _A_ with _B_
14 ☐☐ **process** [prá(:)ses] ❶	**名** 手順，工程 **動** を処理する ● initial process 初めの過程［工程］
15 ☐☐ **checklist** [tʃéklìst]	**名** チェックリスト，一覧表
16 ☐☐ **remind _A_ to _do_**	A に〜することを思い出させる ● remind _A_ of _B_「A に B を思い出させる」も頻出の表現
17 ☐☐ **due** [djuː]	**形**（支払い・提出などの）期限がきた **名**（通例 -s）会費 ● due to _do_ 〜する予定である

企業・オフィス

8 会社の歴史 記事

Maplewood Plus: A Local Favorite

Despite its [1]**popularity** and ongoing success as a local department store, few people know that Maplewood Plus was [2]**originally** a pet store [3]**specializing in** [4]**aquariums**. While the original store did have a loyal customer base, it was [5]**hardly** a [6]**thriving** enterprise.

[7]**Founder** and CEO, Colin Turnbull, has always had a simple policy that he follows to this day: he responds to every customer demand. A [8]**decade** ago, with no other pet stores in the area, he was asked about stocking birds and birdcages alongside his aquariums. He [9]**fulfilled** the request [10]**immediately** and soon [11]**expanded** the store to [12]**accommodate** the new [13]**additions**.

Eventually, the store [14]**gained** a gardening section, and over time, outdoor furniture was added to the catalog. This naturally [15]**led to** a complete indoor and outdoor furniture department, but it was the addition of a hardware department and, finally, a clothing department that truly [16]**brought about** the store's [17]**massive** success and the change of its name to Maplewood Plus.

Today, Maplewood Plus has successful locations in five [18]**suburbs** and plans for a sixth. While Mr. Turnbull still maintains a passion for aquariums, he acknowledges that the fish section is now the store's least [19]**profitable** department.

Next month, the founder will pass control of the company to his daughter, Nina Turnbull, who is a graduate of Vandelay Business School and has [20]**vast** experience in [21]**retail** and finance.

(232 words)

Maplewood Plus：地元の人気店

地元のデパートとしての ¹人気や継続的な成功にもかかわらず，Maplewood Plus が ²元々は ⁴水槽 ³を専門に扱うペットショップだったことを知る人は少ない。最初の店には常連客層がいたが，⁶繁栄している事業とは ⁵ほとんど言えなかった。

⁷創業者であり CEO である Colin Turnbull には常に，今日に至るまで従っているシンプルな方針がある。それは彼がすべての顧客の需要に応えるということだ。⁸10 年前，この地域には他にペットショップがなかったため，彼は水槽と一緒に鳥や鳥かごも置いてはどうかと尋ねられた。彼は ¹⁰すぐにその要望 ⁹に応え，新しい ¹³増築 ¹²を受け入れるためにまもなく店舗 ¹¹を拡張した。

やがて店にはガーデニングのコーナー¹⁴ができ，そのうち，屋外用家具がカタログに加えられた。これは当然ながら，屋内外の家具売り場が完備されること ¹⁵につながったが，金物売り場を追加し，最終的に衣料品売り場ができたことこそが，店の ¹⁷大きな成功と Maplewood Plus という店名への変更 ¹⁶をもたらした。

今日，Maplewood Plus は ¹⁸郊外 5 カ所に成功を収めた店舗を構え，6 店舗目を計画している。Turnbull 氏は今でも水槽への情熱を持ち続けているが，魚コーナーは今やこの店で最も ¹⁹利益にならない部門であることを認めている。

来月，創業者は，娘の Nina Turnbull に会社の経営権を譲る予定だ。彼女は Vandelay ビジネススクールの卒業生で，²¹小売りと金融で ²⁰広い経験を持つ。

会社の歴史

1 ☐☐ **popularity** [pà(ː)pjulǽrəṭi] ❶	**名** 人気，評判
2 ☐☐ **originally** [ərídʒənəli]	**副** 元々は **形** original 最初の，本来の
3 ☐☐ **specialize in ~**	~を専門とする
4 ☐☐ **aquarium** [əkwéəriəm]	**名** 水槽；水族館
5 ☐☐ **hardly** [háːrdli]	**副** ほとんど~ない **類** scarcely ● hardly 自体に否定の意味があり，not などの否定語と一緒に用いない
6 ☐☐ **thriving** [θráɪvɪŋ]	**形** 繁栄している **動** thrive 繁栄する
7 ☐☐ **founder** [fáʊndər]	**名** 創業者，創設者 **動** found を創設する
8 ☐☐ **decade** [dékeɪd]	**名** 10 年間 **類** ten years
9 ☐☐ **fulfill** [fʊlfíl] ❶	**動** （要求・条件など）を満たす；を実現させる **形** fulfilling 充実した，満足のいく **類** accommodate, meet
10 ☐☐ **immediately** [ɪmíːdiətli]	**副** すぐに **形** immediate 即座の，即時の
11 ☐☐ **expand** [ɪkspǽnd]	**動** （会社・事業）を拡大させる；拡大する **名** expansion 拡張，拡大

8

12 ☐☐ **accommodate** [əká(:)mədèɪt]	動（要望・意見など）を受け入れる；（人）を収容する 名 accommodations 宿泊施設
13 ☐☐ **addition** [ədíʃən]	名 追加；加えられたもの 形 additional 追加の
14 ☐☐ **gain** [geɪn]	動 を加える；を獲得する ⇔ lose を失くす，を紛失する
15 ☐☐ **lead to ～**	～につながる；～を引き起こす
16 ☐☐ **bring about**	～をもたらす，～を引き起こす
17 ☐☐ **massive** [mǽsɪv]	形 大きな，大規模な 副 massively 大きく，どっしりと
18 ☐☐ **suburb** [sʌ́bəːrb] ❶	名 郊外 形 suburban 郊外の
19 ☐☐ **profitable** [prɑ́(:)fəṭəbl] ❶	形 利益をもたらす；有益な ⇔ unprofitable 無益な
20 ☐☐ **vast** [væst]	形 広い；莫大な 🖹 broad ● vast experience 幅広い経験
21 ☐☐ **retail** [ríːteɪl] ❶	名 小売り 動 を［へ］小売りする；小売りされる 名 retailer 小売業者　⇔ wholesale 卸売り

企業・オフィス

9 サービス拡大に向けた企業合併 E メール

To: All staff
From: Mark Hester
Subject: Announcement: Company ¹**Merger** with Shoreline Motors

---

Dear Team,

I am excited to announce that Metro Auto is merging with Shoreline Motors, a key player in the South Coast region used car market. This ²**strategic** ³**arrangement** will ⁴**broaden** our reach and enhance our services. While Shoreline Motors is smaller, its ⁵**dominance** in the region is ⁶**undeniably** strong, and ⁷**combining forces** is a step toward our shared vision of growth and excellence. We're informing you before today's ⁸**press release**, so please keep this news ⁹**confidential** until it ¹⁰**is open to the public**.

Our new, united name will be " *Metro-Shoreline Motors*." In casual communication, you may ¹¹**continue to** use the Metro Auto name that we have all built together. Mr. Jonathan Harrow, current CEO of Shoreline Motors, will become our South Coast regional manager. He ¹²**is keen on** meeting you and will visit our office next week.

¹³**Opportunities** for transfers to new locations are available. If you have an interest in relocating, please ¹⁴**consult** your ¹⁵**supervisor**. As for the ¹⁶**details** of the merger, they will be addressed in an upcoming meeting later this week.

Your ¹⁷**commitment** is essential during this ¹⁸**transition**, and we are ¹⁹**confident** that together, we will achieve great success.

Best,

Mark Hester, CEO, Metro Auto

(212 words)

受信者：全従業員
送信者：Mark Hester
件名：お知らせ：Shoreline 自動車との ¹合併について

チームの皆さんへ

Metro 自動車は，南沿岸地域の中古車市場で重要な役割を果たしている Shoreline 自動車と合併することを喜んでお知らせします。この ²戦略的な ³取り決めは私たちの活動範囲 ⁴を広げ，サービスを強化します。Shoreline 自動車は，規模は小さいですが，この地域における ⁵優位性は ⁶紛れもなく強力であり，⁷協業は，成長と卓越性の私たちの共有されたビジョンへの一歩です。本日の ⁸公式発表に先立ってお知らせしているため，¹⁰一般公開されるまでは，この情報を ⁹内密にしていただくようお願いいたします。

　私たちの新しい統一された名称は『Metro-Shoreline 自動車』です。カジュアルなコミュニケーションの場では，私たちが共に築き上げてきた Metro 自動車の名前を使い ¹¹続けていただいても構いません。Shoreline 自動車の現最高経営責任者の Jonathan Harrow 氏は当社の南沿岸地域マネージャーに就任することになります。彼は皆さんに会うこと ¹²を熱望しており，来週私たちのオフィスを訪問する予定です。

新拠点への転勤の ¹³機会があります。転勤を希望する場合は，¹⁵上司 ¹⁴に相談してください。合併の ¹⁶詳細な情報については，今週末に開催される会議で扱われる予定です。

この ¹⁸移行期には皆さんの ¹⁷献身が不可欠であり，協力することで大きな成功を収めることができると ¹⁹確信しています。

よろしくお願いいたします。

Metro 自動車　最高経営責任者　Mark Hester

サービス拡大に向けた企業合併

1 ☐☐ **merger** [mə́:rdʒər]	**名** 合併 **動** merge 合併する
2 ☐☐ **strategic** [strətí:dʒɪk] ❶	**形** 戦略的な **名** strategy 戦略
3 ☐☐ **arrangement** [əréɪndʒmənt] ❶	**名** 取り決め；(通例 -s) 準備 **動** arrange を取り決める；の手はずを整える
4 ☐☐ **broaden** [brɔ́:dən]	**動** (影響・事など) を広げる **曰** expand ● broaden *one's* mind 視野を広げる
5 ☐☐ **dominance** [dá(:)mɪnəns]	**名** 優位性，権勢 **形** dominant 最も有力な
6 ☐☐ **undeniably** [ʌ̀ndɪnáɪəbli]	**副** 紛れもなく，明白に **形** undeniable 明白な **曰** without question
7 ☐☐ **combining forces**	力を合わせること，協力
8 ☐☐ **press release**	プレスリリース，(報道用) 公式発表 ● press「報道機関」の release「発表」という意味
9 ☐☐ **confidential** [kà(:)nfɪdénʃəl] ❶	**形** 内密の，秘密の **曰** secret, classified
10 ☐☐ **be open to the public**	一般公開されている
11 ☐☐ **continue to *do***	～することを続ける **曰** keep on *doing*

12 ☐☐ **be keen on ～**	～を熱望している
13 ☐☐ **opportunity** [à(:)pərtjúːnəti]	名 機会，好機
14 ☐☐ **consult** [kənsʌ́lt] ❶	動 に相談する；(医者) に診察してもらう 名 consultation 相談 名 consultant コンサルタント，顧問
15 ☐☐ **supervisor** [súːpərvàɪzər]	名 上司，監督者 動 supervise を監督する，を管理する
16 ☐☐ **detail** [díːteɪl]	名 (通例 -s) 詳細な情報；細部 動 を詳述する
17 ☐☐ **commitment** [kəmítmənt]	名 献身；約束 形 committed 献身的な
18 ☐☐ **transition** [trænzíʃən]	名 移行，移り変わり ● trans- は「越える」を意味する接頭辞
19 ☐☐ **confident** [ká(:)nfɪdənt] ❶	形 確信している；自信がある ● be confident that ... …ということを確信している

企業・オフィス

10 社内会議時間の調整 [チャット]

Maria Alvarez [3:30 P.M.]:

Good afternoon, team. We need to schedule a meeting to plan for some ¹**upcoming** events. I'd like to do it tomorrow. I have to talk with some people at the ²**city council** at 4:00 P.M. tomorrow, so it would be great if we could find a ³**slot** before that.

Elijah Tan [3:32 P.M.]:

Hi, everyone, I ⁴**am available for** a meeting any time before 4:00 P.M. tomorrow. I have to ⁵**oversee** a training session at the stadium then.

Sophie DuBois [3:33 P.M.]:

Could we possibly do it early in the morning? I'm a bit ⁶**behind schedule** with ⁷**inventory** management for the ⁸**gymnasium** ⁹**equipment**. I'll be busy until closing time tomorrow.

Maria Alvarez [3:33 P.M.]:

Tomorrow morning could ¹⁰**work**. Yuto, how does your schedule look?

Yuto Nakamura [3:35 P.M.]:

Morning isn't ¹¹**feasible**, I'm afraid. I'll be finalizing the ¹²**roster** for the pool lifeguards until 11:00 A.M. Could we manage lunchtime?

Sophie DuBois [3:35 P.M.]:

Lunchtime seems ¹³**reasonable** to me. Elijah?

Elijah Tan [3:37 P.M.]:

Should be fine, as long as it ¹⁴**concludes** by 1:00 P.M. I just remembered I have to prepare the field for the afternoon soccer league.

Maria Alvarez [3:45 P.M.]:

All right, let's lock in noon tomorrow for an hour. I'll book the ¹⁵**conference room** in our main office. See you all then. Please ¹⁶**bring along** your laptop computers.

W1: ▆ M1: ▆ W2: ▆ M2: ▆ (225 words)

Maria Alvarez（午後 3 時 30 分）

こんにちは，チームの皆さん。私たちは ¹これからのイベントを計画するために会議を予定する必要があります。明日にしたいと思います。明日は午後 4 時に ²市議会の人たちと話をしなければならないので，その前に ³時間が取れると助かるのですが。

Elijah Tan（午後 3 時 32 分）

皆さん，こんにちは。明日の午後 4 時より前の時間ならいつでも会議を ⁴入れられます。その時間にはスタジアムでトレーニングセッション ⁵を監督しなければいけないんです。

Sophie DuBois（午後 3 時 33 分）

よろしければ早朝にできませんか。⁸体育館の ⁹備品の ⁷在庫管理で少し ⁶予定より遅れています。明日は閉店まで忙しくなりそうです。

Maria Alvarez（午後 3 時 33 分）

明日の午前中なら ¹⁰都合がつくかもしれません。Yuto，あなたの予定はどうですか。

Yuto Nakamura（午後 3 時 35 分）

あいにく午前中は ¹¹できそうにないです。午前 11 時までプールのライフガードの ¹²名簿を仕上げる予定です。お昼休みに何とかできませんか。

Sophie DuBois（午後 3 時 35 分）

私にとってお昼休みは ¹³妥当そうです。Elijah はどうですか。

Elijah Tan（午後 3 時 37 分）

午後 1 時までに ¹⁴終われば大丈夫だと思います。私は，午後のサッカーリーグのためにグラウンドを準備しなければいけないことをちょうど思い出しました。

Maria Alvarez（午後 3 時 45 分）

それでは，明日の正午に 1 時間確保しましょう。メインオフィスの ¹⁵会議室を予約します。皆さんそれではまた。ノートパソコン ¹⁶を持ってきてください。

社内会議時間の調整

1 ☐☐
upcoming
[ʌ́pkʌ̀mɪŋ]

形 まもなく起こる，来たるべき
類 forthcoming
● upcoming release 近日中の公開

2 ☐☐
city council

市議会

3 ☐☐
slot
[slɑ(:)t]

名 時間枠；細長い穴

4 ☐☐
be available for ～

～の求めに応じられる
名 availability 可能性；予定の空き具合

5 ☐☐
oversee
[òʊvərsíː]

動 を監督する
類 supervise

6 ☐☐
behind schedule

スケジュールより遅れて
反 ahead of schedule 予定より早く

7 ☐☐
inventory
[ínvəntɔ̀ːri] ●

名 在庫；目録

8 ☐☐
gymnasium
[dʒɪmnéɪziəm]

名 体育館，ジム

9 ☐☐
equipment
[ɪkwípmənt]

名 備品，装置

10 ☐☐
work
[wəːrk] ●

動 都合がつく；働く；機能する
名 仕事；作品

11 ☐☐
feasible
[fíːzəbl]

形 実行可能な，実現可能な
名 feasibility 実現可能性
● feasible plan 実行可能な計画

10

12 ☐☐ **roster** [rá(:)stər]	名 名簿；勤務当番表 動 を名簿に載せる
13 ☐☐ **reasonable** [rí:zənəbl]	形 妥当な；道理にかなった；(価格などが) 手頃な 副 reasonably 適当に；分別良く
14 ☐☐ **conclude** [kənklú:d]	動 終わる；と結論を出す 名 conclusion 結論，決定 finish
15 ☐☐ **conference room**	会議室 meeting room
16 ☐☐ **bring along**	〜を持ってくる take along

企業・オフィス

11 戦略的な資金の再割り当て　E メール

To: Jessica Morneau
From: Ethan Caldwell
Subject: Strategic Funding Reallocation for Verdant Engineering

Dear Ms. Morneau,

Last month, you **¹proposed** **²sponsoring** Verdant Engineering, and I am excited that we have decided to move ahead with it. **³Nevertheless**, I should **⁴point out that** funds are an issue at the moment. Some of the other projects we **⁵are** currently **involved in** will need to be **⁶discontinued** or **⁷at least** subjected to significant **⁸budget cuts**.

I am considering the following adjustments which should allow us to **⁹allocate** money from these projects to Verdant.

- Postpone additional funding for Commencer Inc., which is **¹⁰proving** unprofitable.
- **¹¹Reassess** Nue Corp. R&D's funding as they have a budget **¹²surplus**.

I plan to bring these ideas up at the next board of directors' meeting. **¹³In preparation for** that, I believe we should have Indigo Consultancy Partners perform a **¹⁴comprehensive** risk-benefit **¹⁵assessment**. I **¹⁶anticipate** that they will ask for a month to properly investigate all of the possibilities and possible **¹⁷outcomes**. I hope that you will help me **¹⁸convince** the **¹⁹executive committee** to consider this so that we can **²⁰go ahead with** the funding for Verdant Engineering.

Warm regards,

Ethan Caldwell, Chief Financial Officer

🇨🇦 (194 words)

受信者：Jessica Morneau
送信者：Ethan Caldwell
件名：Verdant エンジニアリングのための戦略的な資金再割り当て

Morneau さま

先月，あなたは Verdant エンジニアリング[2]に資金を提供すること[1]を提案しましたが，それを進めると決めたことを，私はうれしく思っています。[3]そうではあってもやはり，財源が現在問題になっている[4]ことを指摘しておかなければなりません。現在[5]関わっている他のプロジェクトのいくつかが[6]中止されるか，[7]少なくとも大幅な[8]予算削減の対象とされる必要があります。

私は Verdant にこれらのプロジェクトの資金[9]を割り当てることができる以下のような調整を考えています。

・採算が取れないことが[10]判明している Commencer 株式会社への追加資金提供を延期する。
・財政[12]黒字である Nue R&D 会社の予算[11]を見直す。

次の理事会で，これらのアイディアを出すつもりです。その[13]準備として，Indigo Consultancy Partners に[14]包括的なリスク便益[15]評価を実施してもらうべきだと思います。私は，彼らがすべての可能性と起こり得る[17]結果を適切に調査するために，1 カ月を求めるだろうと[16]予想しています。これについてご検討くださるように[19]執行委員会[18]を説得する手助けをしていただければと思っています。そうすることで，Verdant エンジニアリングへの資金提供を[20]進めることができます。

心からの感謝をこめて

最高財務責任者　Ethan Caldwell

戦略的な資金の再割り当て

1 ☐☐ **propose** [prəpóuz]	**動** を提案する 〈doing, to do ～すること〉 **名** proposal 提案，申し出　**形** proposed 提案された
2 ☐☐ **sponsor** [spá(:)nsər]	**動** を支援する **名** 出資者；スポンサー **名** sponsorship 資金援助
3 ☐☐ **nevertheless** [nèvərðəlés] ❶	**副** それにもかかわらず
4 ☐☐ **point out that ...**	…ということを指摘する ● point out a mistake「誤りを指摘する」のように，out の後ろに名詞を続けることも
5 ☐☐ **be involved in ～**	～に関係している，～に参加している **動** involve を含む；を巻き込む
6 ☐☐ **discontinue** [dìskəntínju:]	**動** の生産をやめる；を中止する **形** discontinued 生産中止の
7 ☐☐ **at least**	少なくとも **⇔** at most 多くとも，せいぜい ● least は little「少ない」の最上級の形
8 ☐☐ **budget cut**	予算削減
9 ☐☐ **allocate** [ǽləkèit]	**動** （金額・役割など）を割り当てる **名** allocation 割り当て額；分配
10 ☐☐ **prove** [pru:v] ❶	**動** 判明する 〈to be ～であると〉；を証明する **≒** turn out (to be)
11 ☐☐ **reassess** [rì:əsés]	**動** を再評価する **名** reassessment 再評価

12 ☐☐ **surplus** [sə́:rpləs] ❶	名 黒字；余剰 形 余剰の ⇔ deficit 赤字，欠損
13 ☐☐ **in preparation for ~**	～に備えて
14 ☐☐ **comprehensive** [kà(:)mprɪhénsɪv]	形 包括的な，幅広い 副 comprehensively 包括的に，徹底的に
15 ☐☐ **assessment** [əsésmənt]	名 評価；意見 動 assess を評価する，を査定する
16 ☐☐ **anticipate** [æntísɪpèt]	動 を予想する 形 anticipated 期待された
17 ☐☐ **outcome** [áʊtkʌ̀m] ❶	名 結果 ≒ effect
18 ☐☐ **convince** [kənvíns]	動 を説得して～させる；(人) を納得させる 形 convinced 確信している；信念のある ● convince A to do の形で頻出
19 ☐☐ **executive committee**	執行委員会
20 ☐☐ **go ahead with ~**	(仕事・計画などを) 進める ≒ proceed with ~

1 次の日本語の意味の単語を下の❶ ～ ⓰の中から選びなさい。

（1） 妥当な	（		）
（2） 顧客	（		）
（3） を監督する	（		）
（4） 評価	（		）
（5） を高める	（		）
（6） 適切に	（		）
（7） を実行する	（		）
（8） （機械などの）不調	（		）
（9） 小売り	（		）
（10） に対処する	（		）
（11） （の販売）を促進する	（		）
（12） 紛れもなく	（		）
（13） 正確な	（		）
（14） 会社の	（		）
（15） 説得力のある	（		）
（16） に知らせる	（		）

---

❶ implement　❷ reasonable　❸ corporate　❹ clientele

❺ assessment　❻ inform　❼ address　❽ properly

❾ accurate　❿ enhance　⓫ undeniably　⓬ retail

⓭ promote　⓮ oversee　⓯ persuasive　⓰ malfunction

2 次の単熟語の意味に最も近いものをそれぞれ ❶ ～ ❹ の中から 1 つ選びなさい。

(1) expand
- ❶ gain
- ❷ highlight
- ❸ broaden
- ❹ amend

(2) leaflet
- ❶ slot
- ❷ arrangement
- ❸ outcome
- ❹ brochure

(3) choice
- ❶ policy
- ❷ option
- ❸ warranty
- ❹ potential

(4) turn out (to be)
- ❶ consult
- ❷ retain
- ❸ notify
- ❹ prove

(5) forthcoming
- ❶ dramatic
- ❷ upcoming
- ❸ experimental
- ❹ promising

(6) furthermore
- ❶ nevertheless
- ❷ hopefully
- ❸ moreover
- ❹ beforehand

(7) token
- ❶ agenda
- ❷ profit
- ❸ gesture
- ❹ transition

(8) proceed with ～
- ❶ be available for ～
- ❷ head over to ～
- ❸ bring along
- ❹ go ahead with ～

(9) broad
- ❶ leading
- ❷ confidential
- ❸ vast
- ❹ high-end

(10) publish
- ❶ release
- ❷ anticipate
- ❸ investigate
- ❹ acknowledge

(11) be doubtful about ～
- ❶ be involved in ～
- ❷ be skeptical about ～
- ❸ get accustomed to ～
- ❹ be keen on ～

(12) try
- ❶ suburb
- ❷ figure
- ❸ paperwork
- ❹ attempt

解答

1 （1）❷ reasonable (→ p.53)　（2）❹ clientele (→ p.24)

　　（3）⓮ oversee (→ p.52)　　（4）❺ assessment (→ p.57)

　　（5）❿ enhance (→ p.20)　　（6）❽ properly (→ p.29)

　　（7）❶ implement (→ p.32)　（8）⓰ malfunction (→ p.28)

　　（9）⓬ retail (→ p.45)　　（10）❼ address (→ p.25)

　　（11）⓭ promote (→ p.37)　（12）⓫ undeniably (→ p.48)

　　（13）❾ accurate (→ p.40)　（14）❸ corporate (→ p.16)

　　（15）⓯ persuasive (→ p.37)　（16）❻ inform (→ p.29)

2 （1）❸ broaden (→ p.48)

　　（2）❹ brochure (→ p.28)

　　（3）❷ option (→ p.16)

　　（4）❹ prove (→ p.56)

　　（5）❷ upcoming (→ p.52)

　　（6）❸ moreover (→ p.24)

　　（7）❸ gesture (→ p.16)

　　（8）❹ go ahead with ~ (→ p.57)

　　（9）❸ vast (→ p.45)

　　（10）❶ release (→ p.40)

　　（11）❷ be skeptical about ~ (→ p.36)

　　（12）❹ attempt (→ p.29)

商品・サービス

1 発注・在庫管理 ……………………………………………… 62
2 生地の手配 …………………………………………………… 66
3 デジタルマーケティング …………………………………… 70
4 電子レンジの使用マニュアル ……………………………… 74
5 コピー機の不具合 …………………………………………… 78
6 事務用品の請求 ……………………………………………… 82
7 定期購読の更新 ……………………………………………… 86
8 クーポンの発行 ……………………………………………… 90
9 AIのカスタマーサービス ………………………………… 94

確認テスト …………………………………………………… 98

商品・サービス

■1 発注・在庫管理 [説明]

Good morning, everyone. Thanks for coming to this special training session. Today, I'm going to explain our new inventory software, which is an important part of our **¹ongoing** efforts to **²streamline** **³warehouse** operations.

Today's session will be a hands-on practice in a simulated warehouse environment. We want to give you some experience using the software in **⁴a variety of** situations.

As you are aware, our current inventory system **⁵faces** many **⁶challenges**. Some items are not **⁷accurately** **⁸tracked**, leading to delayed reorders and unnecessary stock **⁹accumulation**. The introduction of our new software aims to directly **¹⁰tackle** these issues. This software features **¹¹automating** inventory tracking, sales records, and **¹²replenishment** in real time. With this, we can ensure a clearer understanding of our inventory **¹³status**, timely reordering, and a **¹⁴reduction** in **¹⁵excess** stock.

Before starting to use it on **¹⁶actual** orders from next Monday, we'll test out the software this week. I want to stress that during this **¹⁷period**, we hope to **¹⁸identify** and **¹⁹sort out** any issues. Your **²⁰feedback** and cooperation during this **²¹phase** are valuable. Let's work together to make this transition as **²²smooth** as possible.

🇬🇧 (185 words)

皆さん，おはようございます。この特別研修会にお越しいただきありがとうございます。本日は，³倉庫業務²を合理化する我々の¹継続的な努力の中で重要な役割を果たす，新しい在庫ソフトウェアについてご説明いたします。

本日の集まりでは，模擬的な倉庫環境で実践練習を行います。⁴さまざまな場面でソフトウェアを使用するいくつかの経験を皆さんに提供したいと思っています。

ご承知の通り，現在の在庫システムは多くの⁶課題⁵に直面しています。一部の商品は⁷正確に⁸追跡されておらず，再注文の遅れや不必要な在庫の⁹蓄積につながっています。新しいソフトウェアの導入は，直接こうした問題¹⁰に取り組むことを目的としています。このソフトウェアの特徴は，在庫追跡，販売記録，そして¹²補充をリアルタイムで¹¹自動化することです。これにより，確実に在庫¹³状況をより明確に把握し，タイミングの良い再注文を行い，¹⁵過剰在庫を¹⁴削減することができます。

来週月曜から¹⁶実際の注文に使い始めますが，その前に，今週ソフトウェアを試す予定です。この¹⁷期間中にあらゆる問題点¹⁸を特定し，¹⁹解決したいと考えていることを強くお伝えします。この²¹段階での皆さんの²⁰ご意見とご協力は貴重です。この移行を可能な限り²²順調なものにできるよう，一緒に頑張りましょう。

1 ☐☐
ongoing
[ɑ́(ː)ŋɡòʊɪŋ]

形 継続的な，進行中の
類 continuous
● ongoing project 進行中のプロジェクト

2 ☐☐
streamline
[strímlàɪn]

動 を合理化する

3 ☐☐
warehouse
[wéərhàʊs]

名 倉庫，商品保管所
類 storage

4 ☐☐
a variety of ~

さまざまな種類の~
類 different kinds of ~

5 ☐☐
face
[feɪs]

動 に直面する，に面する
類 confront

6 ☐☐
challenge
[tʃǽlɪndʒ] ❶

名 課題；挑戦
動 に異議を唱える
形 challenging やりがいのある，意欲を湧かせる

7 ☐☐
accurately
[ǽkjərətli]

副 正確に
形 accurate 正確な
反 inaccurately 不正確に

8 ☐☐
track
[træk]

動 を追跡する
名 小道，道
● cf. truck トラック，貨物自動車

9 ☐☐
accumulation
[əkjùːmjuléɪʃən]

名 蓄積，積み重ね
動 accumulate を蓄積する

10 ☐☐
tackle
[tǽkl]

動 に取り組む
類 work on ~

11 ☐☐
automate
[ɔ́ːtəmèɪt]

動 自動化する；を自動化する
名 automation 自動操作；自動化

1

12 □□ **replenishment** [rɪplénɪʃmənt]	名 補充，補給（物） 動 replenish を再び満たす，を新しく補給する
13 □□ **status** [stéɪṭəs]	名 状態，ステータス；身分，地位
14 □□ **reduction** [rɪdʌ́kʃən]	名 減少；割引 動 reduce を減少させる，減少する
15 □□ **excess** [ɪksés] ❶	名 過剰，超過　形 余分の，超過した 動 exceed を超える ● in excess of ～「～を上回って」の表現で頻出
16 □□ **actual** [ǽktʃuəl]	形 実際の，実在の 副 actually 実際は，実は
17 □□ **period** [píəriəd]	名 期間，時期；時代 名 periodical 定期刊行物
18 □□ **identify** [aɪdénṭəfàɪ]	動 を特定する 名 identification 身分証明書 形 identifiable 身元を確認できる
19 □□ **sort out**	～を解決する；～を整理する
20 □□ **feedback** [fíːdbæ̀k]	名 意見；反応 ● customer feedback 顧客評価
21 □□ **phase** [feɪz] ❶	名 段階，時期 冒 stage
22 □□ **smooth** [smuːð] ❶	形 順調な；なめらかな 副 smoothly 順調に；なめらかに

65

2 生地の手配 伝言

Hello, I'm Kevin, the Purchasing Manager at Fashion Trends. Thank you for your ¹**invaluable** support on our last project. Your contribution of the finest artificial fur ²**materials** for our winter collection was ³**truly** appreciated.

We're reaching out with an urgent request this time.

Due to a ⁴**surge** in demand for the upcoming season and increased competition, we have decided to significantly ⁵**accelerate** the production schedule for our summer collection. This urgency has led to a ⁶**critical** need for ⁷**sourcing** a wide range of pastel-colored ⁸**fabrics**. ⁹**Primarily**, we're considering a ¹⁰**bulk order** of high-quality silks and linens yet we ¹¹**are open to** your recommendations for more suitable options if you have any.

Ensuring both quality and ¹²**timely** delivery is ¹³**crucial** for this urgent order. We're reaching out to you because we know your potential to meet these ¹⁴**standards** from our previous business interactions. Needless to say, we ¹⁵**are committed to** covering the ¹⁶**express fees**, and we're prepared to offer a 15% ¹⁷**premium** over the normal pricing for the materials. I understand this is a substantial and time-sensitive request, but your consideration would be ¹⁸**immensely** appreciated.

If this ¹⁹**aligns** with your ²⁰**capabilities**, kindly contact me. I would like to schedule an online meeting to discuss the situation ²¹**in** more **detail**.

🇨🇦 (208 words)

こんにちは，Fashion Trends の購買部長の Kevin です。前回のプロジェクトでは御社に ¹計り知れないご尽力をいただき，ありがとうございました。冬物コレクションのために最高級の人工毛皮 ²素材をご提供いただき，³本当に感謝しております。

今回は緊急のお願いがあり連絡しております。

来シーズンの需要の ⁴急増と，激化した競争のため，夏コレクションの生産予定を大幅に ⁵早めることにいたしました。この緊急事態は，パステルカラーの ⁸生地 を幅広く ⁷調達するという ⁶大きな必要性を引き起こしています。⁹主に，高品質な絹とリネンの ¹⁰大量発注を考えていますが，より適した選択肢がありましたら，御社の提案 ¹¹を受け入れたいと考えています。

この緊急の注文には，品質と ¹²時宜を得た納期の両方を確保することが ¹³極めて重要です。御社がこのような ¹⁴基準を満たす可能性があることは，これまでのお取引で承知しており，御社に連絡しております。言うまでもなく，¹⁶お急ぎ料金を負担 ¹⁵することをお約束しますし，材料の通常価格より 15％の ¹⁷割り増し金をご提供できるよう準備いたしました。これは相当かつ一刻を争う要求であることは理解していますが，ご配慮いただけると ¹⁸非常にありがたいです。

もしこれが御社の ²⁰手腕 ¹⁹と一致するのであれば，どうぞ私にご連絡ください。状況をより ²¹詳しく話し合うためのオンライン会議の予定を立てたいと思います。

生地の手配

1 ☐☐ **invaluable** [ɪnvǽljuəbl]	**形** 計り知れぬほど貴重な ≒ valuable ⇔ worthless 無価値な
2 ☐☐ **material** [mətíəriəl]	**名** 素材；生地 ● raw material 原材料
3 ☐☐ **truly** [trúːli]	**副** 本当に；心から 名 truth 真実, 事実
4 ☐☐ **surge** [səːrdʒ]	**名**（物価や利益などの）急上昇 **動** 押し寄せる，殺到する
5 ☐☐ **accelerate** [əksélərèit]	**動** を加速する；速度が加わる ⇔ decelerate 速度を落とす, 減速する
6 ☐☐ **critical** [krítɪkəl]	**形** 重大な，重要な；批判的な 名 critic 批評家 副 critically 危うく；批判的に
7 ☐☐ **source** [sɔːrs]	**動** を調達する，を仕入れる〈from ～から〉 **名** 供給源 ● be sourced from ～（～から商品・食品など）を仕入れる
8 ☐☐ **fabric** [fǽbrɪk]	**名** 生地，織物 ≒ textile
9 ☐☐ **primarily** [praɪmérəli] ❶	**副** 主に；第一に，最初に 形 primary 主たる；最初の
10 ☐☐ **bulk order**	大量発注，大口注文 ● bulk は「大量，大口」という意味の単語
11 ☐☐ **be open to ～**	～を受け入れる余裕がある

2

12 ☐☐ **timely** [táɪmli]	形 タイムリーな，ちょうど良い
13 ☐☐ **crucial** [krúːʃəl]	形 極めて重要な；欠くことのできない 副 crucially 重要なことに；決定的に ⊟ very important
14 ☐☐ **standard** [stǽndərd]	名 基準，水準，標準 形 標準の，普通の ⊟ level
15 ☐☐ **be committed** **to ~**	~することを約束する；~することに専念している ⊟ be dedicated to ~
16 ☐☐ **express fee**	速達料金
17 ☐☐ **premium** [príːmiəm] ❶	名 割り増し金，保険料 形 質の良い，高価な 形 premier 首位の，最高の
18 ☐☐ **immensely** [ɪménsli]	副 非常に，とても 形 immense 巨大な，計り知れない
19 ☐☐ **align** [əláɪn]	動 適合する〈with ~と〉；一列に並ぶ ● alignment 整列；連携
20 ☐☐ **capability** [kèɪpəbíləṭi]	名 手腕，能力，才能 形 capable 有能な，手腕のある
21 ☐☐ **in detail**	詳しく，詳細に ⊟ closely

商品・サービス

3 デジタルマーケティング 説明

Good morning, everyone. I'm thrilled to be here at the Blue Mountains Marketing Conference again this year. I'll get right down to business.* My team and I ¹**conducted** a comprehensive study of different marketing strategies, particularly the shift towards influencer marketing and placing advertisements in online video content.

Our findings are quite ²**revealing**. We discovered that marketing through influencers and online videos is ³**yielding** ⁴**significantly** better results compared with traditional marketing methods. ⁵**Unlike** traditional media, which often requires ⁶**substantial** financial investment with ⁷**varying** returns, social media platforms offer more ⁸**predictable** outcomes.

Another key point is targeting ⁹**precision**. Digital platforms allow for highly specific audience targeting, ensuring that marketing efforts reach the most ¹⁰**relevant** consumers.

Additionally, the feedback from digital marketing is both ¹¹**immediate** and ¹²**measurable**. Companies can see the ¹³**impact** of their campaigns through real-time analysis.

However, businesses must ¹⁴**be aware of** the risks. The nature of digital marketing is ¹⁵**constantly** changing, and strategies that work today might not be as effective tomorrow. Companies must continuously ¹⁶**adapt** their approaches. Also, online ¹⁷**personalities** may bring their own set of challenges. We must ¹⁸**keep an eye on** them to ensure they are maintaining the kind of ¹⁹**corporate image** we want to show to the public.

(203 words)

*get right down to business さっそく本題に入る

皆さん，おはようございます。今年もまた Blue Mountains マーケティング会議に参加することができ，感激しています。さっそく本題に入ります。私のチームと私は，さまざまなマーケティング戦略，特にインフルエンサーマーケティングやオンライン動画コンテンツの広告掲載への移行について包括的な調査 [1]を行いました。

私たちの調査結果はかなり [2]明らかなものです。インフルエンサーやオンライン動画を使ったマーケティングは，従来のマーケティング手法に比べて [4]格段に良い結果 [3]もたらしていることがわかりました。多くの場合，[6]多額の財政投資を必要とし，[7]さまざまなリターンがある従来のメディア [5]とは異なり，ソーシャルメディアプラットフォームは，より [8]予測可能な結果をもたらします。

もう 1 つの重要な点は，ターゲティングの [9]精度です。デジタルプラットフォームは，極めて明確な観衆のターゲティングを可能にし，マーケティング活動が確実に最も [10]関連性の高い消費者に届くようにします。

さらに，デジタルマーケティングからの反応は，[11]即時かつ [12]測定可能です。企業はリアルタイムの分析を通じて，キャンペーンの [13]効果を確認することができます。

しかし，企業はリスク [14]を認識しなければなりません。デジタルマーケティングの性質は [15]常に変化しており，今日有効な戦略が明日には有効でなくなるかもしれません。企業は継続的に手法 [16]を適応させなければならないのです。また，ネット上の [17]姿にはそれら特有の課題があるかもしれません。私たちが世間に見せたいような [19]企業イメージをそれらが確実に維持しているかどうか，[18]目を光らせておく必要があります。

1 ☐☐ **conduct** [kəndʌ́kt] ❶	動 (実験・調査など) を行う;を指揮する　名 行い,品行 名 conductor 指揮者　🟰 carry out ● conduct a survey「調査を行う」の表現で頻出
2 ☐☐ **revealing** [rɪvíːlɪŋ]	形 明らかな,暴露的な 動 reveal を明らかにする
3 ☐☐ **yield** [jiːld]	動 (情報・結果など) をもたらす;(利益など) を生む ● 植物や動物を主語にとり,「(作物・畜産物など) を産出する」 の意味も
4 ☐☐ **significantly** [sɪɡnífɪkəntli]	副 格段に,著しく,かなり 形 significant かなりの;重要な
5 ☐☐ **unlike** [ʌnláɪk]	前 ～とは異なり 🔁 like ～のような
6 ☐☐ **substantial** [səbstǽnʃəl] ❶	形 多額の,相当な 副 substantially かなり
7 ☐☐ **varying** [véərɪŋ]	形 さまざまな 動 vary 異なる
8 ☐☐ **predictable** [prɪdíktəbl]	形 予測可能な 動 predict を予想する ● predict「予測する」+ -able「できる」から
9 ☐☐ **precision** [prɪsíʒən]	名 精度,正確さ 形 precise 正確な,緻密な 🔁 inaccuracy 不正確さ
10 ☐☐ **relevant** [réləvənt]	形 関連性の高い 名 relevance 関連性 🔁 irrelevant 関連のない,重要でない
11 ☐☐ **immediate** [ɪmíːdiət] ❶	形 即時の,即座の 副 immediately すぐに　🟰 instant, prompt ● immediate response 即座の応答

3

12 ☐☐ **measurable** [méʒərəbl]	形 測定できる，予測できる 動 measure（効果・影響など）を測る
13 ☐☐ **impact** [ímpækt] ❶	名 影響（力）〈on, upon ～への〉 動 に強い影響を与える ＝ effect, influence
14 ☐☐ **be aware of ～**	～に気付いている ＝ be conscious of ～
15 ☐☐ **constantly** [kɑ́(:)nstəntli]	副 常に，絶えず 形 constant 絶えず続く，不断の ⇄ occasionally ときどき，たまに
16 ☐☐ **adapt** [ədǽpt]	動 を適応させる，を適合させる ＝ adjust ● be adapted for ～ ～に適合させる
17 ☐☐ **personality** [pə̀ːrsənǽləti]	名 人格；個性，性格 ＝ character
18 ☐☐ **keep an eye on ～**	～に目を光らせる
19 ☐☐ **corporate image**	企業イメージ

4 電子レンジの使用マニュアル　説明書

How to Install Your New [1]Countertop Microwave Oven

1. Oven [2]Inspection:

Prior to installation, remove all packaging and accessories. Check for any signs of damage, like dents,* [3]**scratches**, or a [4]**faulty** door. If you find any of these, please return the unit and ask for a [5]**replacement**.

2. Oven Preparation:

Attach the rubber legs to the base of the oven. These allow air to pass underneath and help with cooling. Remove the tape holding the door closed and the cushioning supporting the plate inside. Check that the plate can [6]**rotate** freely.

3. Placement Selection:

- Select a flat surface that offers [7]**sufficient** room for the [8]**intake** and [9]**exhaust** vents* at the sides and the rear. There should be a [10]**minimum** distance of 5cm between the oven and the walls and at least 15cm above the oven to [11]**allow for** cooling.
- Install the oven away from radios and televisions to [12]**minimize** reception [13]**interference**.

4. Electrical Connection:

- Locate an available [14]**household** electrical [15]**outlet**.
- [16]**Verify** that the outlet's voltage and frequency [17]**correspond** with those listed on the oven's label.
- Connect the oven to the outlet.

5. Safety Advisories:

- Avoid placing the oven above any other [18]**appliance** that [19]**generates** heat, as [20]**excessive** heat may [21]**shorten** the [22]**lifespan** of your microwave oven.

▦ (206 words)

....

*dent へこみ，くぼみ　vent 排出口，ベント

新しい ¹調理台用電子レンジの設置方法

1. レンジの ²点検:

設置の前に，すべての梱包材と付属品を取り除いてください。へこみ，³傷，または ⁴欠陥のある扉など，破損のいかなる兆候もないことを確認してください。これらのようなものが見つかった場合は，ユニットを返品し，⁵交換を依頼してください。

2. レンジの準備:

レンジの底にゴム足を取り付けてください。これは，空気が下を通ることを可能にし，冷却を助けます。閉められた扉を押さえているテープと中の皿を支えているクッション材を取り除いてください。皿が自由に ⁶回転できることを確認してください。

3. 配置:

・側面と背面の ⁸吸気口と ⁹排気管用の ⁷十分なスペースがある平らな場所を選んでください。レンジと壁の間に ¹⁰最小で5センチの距離，そしてレンジの上部には冷却 ¹¹のために少なくとも15センチ確保するようにしてください。

・受信 ¹³障害 ¹²を最小限に抑えるため，レンジはラジオやテレビから離れた場所に設置してください。

4. 電気接続:

・利用できる ¹⁴家庭用電気 ¹⁵コンセントを探してください。

・コンセントの電圧と周波数が，レンジのラベルに記載されているものと ¹⁷一致していること ¹⁶を確認してください。

・レンジをコンセントに接続してください。

5. 安全に関する注意事項:

・²⁰過度の熱は電子レンジの ²²寿命 ²¹を縮めるかもしれないので，レンジは熱 ¹⁹を発する他の ¹⁸器具の上に置かないでください。

マニュアル・説明書の読み方

製品の使い方や組み立て方などを説明する文書は頻繁に登場しますが，読み方にコツがあります。文中では1番から5番まで太字で示されていますが，この小見出しだけ先に読んで構成を頭に入れることです。説明書全体の構成を把握してしまえば，理解のスピードが驚くほど速くなります。

1 ☐☐ **countertop** [káunṭɚrta(:)p]	名 調理台
2 ☐☐ **inspection** [ɪnspékʃən]	名 点検，検査 動 inspect を検査する
3 ☐☐ **scratch** [skrætʃ]	名 （体やものの）ひっかき傷 動 をひっかく
4 ☐☐ **faulty** [fɔ́ːlti]	形 欠陥のある，不具合のある ⊟ defective
5 ☐☐ **replacement** [rɪpléɪsmənt]	名 交換；返却；代用品；代理人 動 replace を取り替える ● replace A with B「A を B と取り替える」も頻出
6 ☐☐ **rotate** [róʊteɪt] ❶	動 回転する，を回転させる 名 rotation 回転；交代
7 ☐☐ **sufficient** [səfíʃənt] ❶	形 十分な ⊟ adequate ⊷ insufficient 不十分な
8 ☐☐ **intake** [íntèɪk]	名 吸入口；（水・空気などの）取り入れ
9 ☐☐ **exhaust** [ɪgzɔ́ːst] ❶	名 排気；排気管 動 を排出する
10 ☐☐ **minimum** [mínɪməm]	形 最小［低］限の 名 最小［低］限 ⊷ maximum 最大の；最大限
11 ☐☐ **allow for ～**	～を考慮する，～を見越す ⊟ take into account

4

12 ☐☐ **minimize** [mínimàiz]	**動** を最小限にする ⇄ maximize を最大化する
13 ☐☐ **interference** [ìnṭərfíərəns]	**名** 障害；干渉 **動** interfere 干渉する
14 ☐☐ **household** [háushòuld]	**形** 家庭の ● household items 家庭用品
15 ☐☐ **outlet** [áutlèt] ❶	**名** コンセント，差し込み口 ● 「小売販売店」の意味も
16 ☐☐ **verify** [vérɪfàɪ]	**動** を確認する **名** verification 証明，立証
17 ☐☐ **correspond** [kɔ̀(:)rəspá(:)nd]	**動** 一致する，調和する〈with ～に〉 ⇄ differ 異なる
18 ☐☐ **appliance** [əpláɪəns]	**名** （家庭用の）器具 ● 電子レンジやオープンなどの総称語として，Part 1 で頻出
19 ☐☐ **generate** [dʒénərèɪt]	**動** （電気や熱）を発生させる；を生み出す
20 ☐☐ **excessive** [ɪksésɪv]	**形** 過度の，度を越した **副** excessively 過度に ⇄ moderate 適度な，中くらいの
21 ☐☐ **shorten** [ʃɔ́ːrtən]	**動** を短くする，を縮める ⇄ lengthen を長くする，を伸ばす
22 ☐☐ **lifespan** [láɪfspæ̀n]	**名** 寿命

商品・サービス

5 コピー機の不具合 会話

W: Hello, Vericopy Solutions Service Center, Sara Miles speaking. How can we help you today?

M: Hello, this is James from Grand Avenue Department Store. We're having an issue with the ¹**photocopier** we purchased from your company. It's leaving lines on all the pages, and we ²**urgently** need it for printing handbooks for an orientation session this afternoon.

W: I'm sorry to hear that. Have you ³**gone through** the steps in the user's manual?

M: Yes. We've tried basic troubleshooting, but nothing seems to work. Can you ⁴**send** someone **out** here to fix it this morning?

W: I understand the urgency, James. Unfortunately, all of our ⁵**technicians** are already ⁶**occupied** this morning. The earliest we could ⁷**dispatch** someone would be this afternoon. In ⁸**situations** like this, we usually recommend using a printing company. As a customer of Vericopy Solutions, you ⁹**are eligible for** a special ¹⁰**rate** at QuickPrint. There's a ¹¹**location** ¹²**approximately** two blocks from your store.

M: I see. Can you ¹³**provide** me **with** their contact information and the details about the special rate?

W: Absolutely. I'll e-mail you all the information you might need. I'll also tell them to ¹⁴**expect** you. They're equipped to ¹⁵**handle** urgent requests. Let me just ¹⁶**confirm** your e-mail address first, though. I have it as jcarter@grandavenueds.com. Is that right?

M: That's right. Thanks, Sara. Can you give me a call when you know what time the technician will be here?

W: Of course. I will give you a call in the next ten minutes.

W: 🇬🇧 M: 🇨🇦 (242 words)

W：もしもし，Vericopy Solutions サービスセンターの Sara Miles です。本日はどのようなご用件でしょうか。

M：もしもし，Grand Avenue 百貨店の James です。御社から購入した [1]**コピー機**に問題があるんです。すべてのページに線が入ってしまっているのですが，今日の午後に行われるオリエンテーションのためのハンドブックを印刷するために，[2]**急ぎで**必要なんです。

W：それは申し訳ございません。取扱説明書の手順[3]**に従い**ましたか。

M：はい。基本的なトラブルシューティングを試みましたが，どれもうまくいかないようです。今日の午前中，それを修理するためにこちらへ誰か[4]**を送って**くれませんか。

W：緊急性は理解しています，James さん。残念ながら，今日の午前中はすでに[5]**技術者**が全員[6]**埋まって**しまっています。誰か[7]**を派遣する**ことができるのは最短でも今日の午後になると思います。このような[8]**場合**，通常は印刷会社の利用をお勧めしています。Vericopy Solutions の顧客として，お客さまは QuickPrint の特別[10]**料金**[9]**を利用する資格が**あります。お客さまのお店から[12]**約**2 ブロックのところに[11]**支店**があります。

M：そうですか。私に彼らの連絡先と特別料金の詳細[13]**を教えて**いただけますか。

W：もちろんです。お客さまが必要としうる情報はすべて E メールでお送りします。また，QuickPrint にお客さまが来るの[14]**を待つ**ように伝えておきます。彼らは急な依頼[15]**に対応する**ことができるように備えています。とはいえまず，お客さまの E メールアドレス[16]**を確認させて**ください。私の手元には jcarter@grandavenueds.com とあります。合っていますか。

M：はい，合っています。ありがとうございます，Sara さん。技術者が何時にこちらに来るかわかったら電話してくれますか。

W：もちろんです。10 分以内にお電話します。

コピー機の故障

文中ではコピーした紙に不要な線が入ってしまうというパターンですが，TOEIC で圧倒的に多いコピー機の不具合は紙詰まりです。そして，故障ではありませんが，紙がない，インクが切れている，といった事態も多発します。コピー機が社内に 1 台しかないかのように慌てふためく様子は滑稽ですらあります。

コピー機の不具合

1 ☐☐ **photocopier** [fóuṭəkà(:)piər]	名 コピー機 ≡ copier, printer ● Part 1 で頻出の単語
2 ☐☐ **urgently** [ə́rdʒəntli]	副 差し迫って，緊急に 形 urgent 急を要する，緊急の 名 urgency 緊急性
3 ☐☐ **go through ～**	～に従う；～を通り抜ける ≡ follow
4 ☐☐ **send out**	～を派遣する，～を送る
5 ☐☐ **technician** [tekníʃən]	名 技術者
6 ☐☐ **occupied** [á(:)kjupàɪd]	形 忙しい〈with ～で〉；使用中の ≡ busy
7 ☐☐ **dispatch** [dɪspǽtʃ]	動 を派遣する 名 dispatcher 配車係；発送者
8 ☐☐ **situation** [sìtʃuéɪʃən]	名 状況，情勢 ≡ case
9 ☐☐ **be eligible for ～**	～に対して資格がある；～にふさわしい ≡ be entitled to ～
10 ☐☐ **rate** [reɪt]	名 料金；割合 ● flat rate 均一料金
11 ☐☐ **location** [loʊkéɪʃən]	名 支店；場所 動 locate （受身形で）位置している

12 ☐☐ **approximately** [əprɑ́(:)ksɪmətli]	副 約，およそ 形 動 approximate おおよその；を概算する
13 ☐☐ **provide *A* with *B***	A に B を与える
14 ☐☐ **expect** [ɪkspékt]	動 （人・物事）を待つ 名 expectation 期待
15 ☐☐ **handle** [hǽndl]	動 をこなす，を処理する ● handle a task 仕事をこなす
16 ☐☐ **confirm** [kənfɔ́ːrm]	動 を確認する 目 verify

商品・サービス

⑥ 事務用品の請求 請求書

[1]INVOICE

Dalton [2]Office Supplies

Client Name: Fielding [3]Publishing House
Contact Person: Emily Choong
Client Address: 674 Wilson Crescent, Portsmouth, NH 03819
Date: November 23

Item Number	Description	[4]Quantity	[5]Unit Price	Total
CP6743	Printer paper (A4) 500 sheets	10	$12.50	$125.00
IC8322	Ink Cartridges FDG XC5463 [6]Compatible	3	$23.75	$71.25
SR7432	Staple remover	1	$12.98	$12.98
			TOTAL	$209.23

Thank you for shopping at Dalton Office Supplies.

Because you have [7]registered as a [8]patron of Dalton Office Supplies, you [9]automatically [10]qualify for [11]complimentary [12]overnight delivery of your order.

Please note that payment of this invoice is due by the end of the month. You can pay [13]via credit card or by bank [14]transfer using the [15]following [16]bank account details.

Bank Name: Portsmouth Chemical Bank
Branch Number: 6382424
Account Name: Dalton Office Supplies
Account Number: 7848398 433

🏴 (134 words)

[1]請求書
Dalton[2]事務用品

顧客氏名：Fielding[3]出版社
担当者：Emily Choong
顧客住所：674 ウィルソン・クレセント , ポーツマス , NH 03819
日付：11 月 23 日

商品番号	詳細	[4]数量	[5]単価	合計
CP6743	プリンター用紙 (A4) 500 枚	10	12.50ドル	125.00ドル
IC8322	FDG XC5463 と [6]適合性のあるインクカートリッジ	3	23.75ドル	71.25ドル
SR7432	ホッチキス針抜き	1	12.98ドル	12.98ドル
			合計	209.23ドル

Dalton 事務用品でお買いものいただき，ありがとうございます。
お客さまは Dalton 事務用品の[8]常連客としての[7]登録をしておりますので，お客さまのご注文には[9]自動的に[11]無料[12]翌日配送の[10]資格が与えられます。本請求書のお支払い期日は月末までということにご注意ください。クレジットカード[13]を通じてお支払いいただくか，銀行[14]振込でのお支払いは[15]下記の[16]銀行口座詳細をご参照ください。

銀行名：Portsmouth Chemical 銀行
支店番号：6382424
口座名：Dalton 事務用品
口座番号：7848398 433

事務用品の請求

1 ☐☐ **invoice** [ínvɔɪs] ❶	**名** 請求書
2 ☐☐ **office supplies**	事務用品 ● 筆記用具や PC の周辺機器などの総称
3 ☐☐ **publishing** [pʌ́blɪʃɪŋ]	**名** 出版（業） **動** publish を出版する
4 ☐☐ **quantity** [kwɑ́(:)nṱəti]	**名** 量 ⇄ quality 質
5 ☐☐ **unit price**	単価，単位あたりの料金
6 ☐☐ **compatible** [kəmpǽṱəbl]	**形** 互換性のある〈with ～と〉 ● compatible software 互換ソフトウェア
7 ☐☐ **register** [rédʒɪstər] ❶	**動** 登録する〈as ～として〉
8 ☐☐ **patron** [péɪtrən] ❶	**名** 常連客；後援者
9 ☐☐ **automatically** [ɔ̀:ṱəmǽṱɪkəli]	**副** 自動的に **形** automatic 自動的な ⇄ manually 手作業で
10 ☐☐ **qualify** [kwɑ́(:)lɪfàɪ]	**動** 資格を得る〈for ～の〉 **形** qualified 資格のある
11 ☐☐ **complimentary** [kà(:)mpləmén̬təri]	**形** 無料の 🟰 free, free of charge ● complimentary breakfast 無料の朝食

12 □□ **overnight** [òʊvərnáɪt]	形 翌日配達の 副 一晩中，夜通しで
13 □□ **via** [váɪə] ❶	前 ～によって，～を経由して
14 □□ **transfer** [trænsfə́:r] ❶	名 振込；移転；移動 動 を移動する；を送金する
15 □□ **following** [fá(:)loʊɪŋ]	形 (the ～) 次の，下記の
16 □□ **bank account**	銀行口座

6

商品・サービス

7 定期購読の更新 Eメール

To: Ron Johnson
From: Customer Support
Subject: Upcoming [1]**Expiration** of Your Trial [2]**Subscription**

Dear Mr. Johnson,

We hope you are enjoying your trial subscription to StreamFlix Entertainment. [3]**Please be advised that** the one-month trial period will conclude in three days. To maintain [4]**uninterrupted** access to our [5]**extensive** selection of movies, shows, and [6]**exclusive** content, we invite you to complete the [7]**renewal** process using the [8]**electronic** subscription form at the following link: SUBSCRIPTION FORM

Our subscription options include one-month, half-a-year, and one-year [9]**durations**, with the one-year plan offering [10]**exceptional** value. The monthly rate is $16, the [11]**half-yearly** rate is $90, and the yearly rate is $170.

You are welcome to share your account with up to four individuals even outside of your [12]**immediate family** anywhere in the United States. [13]**As a token of our gratitude** for your loyalty, we will [14]**extend** your account to include an additional fifth user [15]**at no extra charge**.

We [16]**are dedicated to** delivering a [17]**superior** streaming experience. For [18]**inquiries** or feedback, please visit www.streamflixent.com and chat with a live [19]**representative**.

Best regards,

Emily Torres, Customer Relations Manager

🟦 (181 words)

受信者：Ron Johnson
送信者：顧客サポート
件名：来たるお試し ²定期購読の ¹満了

Johnson さま

StreamFlix エンターテインメントのお試し定期購読をお楽しみいただいておりますでしょうか。1 カ月のお試し期間は 3 日後に終了いたしますこと ³をご承知おきください。当社の ⁵幅広い品ぞろえの映画，番組や ⁶限定コンテンツへの ⁴連続したアクセスを維持するために，以下のリンクにて ⁸電子定期購読フォームを使用して ⁷更新手続きを完了させてください：定期購読フォーム

定期購買には 1 カ月，半年，1 年の ⁹期間があり，1 年プランは ¹⁰特別にお得な価格で提供しております。月額料金は 16 ドル，¹¹半年料金は 90 ドル，年間料金は 170 ドルです。

アメリカ国内であればどこでも，¹²ご家族以外の方であっても最大 4 名までアカウントを共有することができます。ご愛顧に対する ¹³感謝のしるしとして，¹⁵追加料金なしでさらに 5 人目のユーザーを追加できるよう，お客さまのアカウント ¹⁴を拡張させていただきます。

当社は ¹⁷優れたストリーミング体験をお届けすること ¹⁶に専念しています。¹⁸お問い合わせやご意見は，www.streamflixent.com にアクセスし，つながっている ¹⁹担当者とメッセージをやりとりしてください。

敬具

顧客関係管理者　Emily Torres

定期購読の更新

1 ☐☐ **expiration** [èkspəréɪʃən]	名 満了，終了 動 expire 有効期限が切れる
2 ☐☐ **subscription** [səbskrípʃən]	名 定期購読 動 subscribe を定期購読する
3 ☐☐ **Please be advised that ...**	…ということをご承知おきください ● E メールやお知らせの冒頭で頻出の表現
4 ☐☐ **uninterrupted** [ʌnìntərʌ́ptɪd]	形 連続した，途切れない 動 interrupt（人の話など）をさえぎる ● un- は否定を表す接頭辞
5 ☐☐ **extensive** [ɪksténsɪv]	形 幅広い，多数の；莫大な 🔁 broad
6 ☐☐ **exclusive** [ɪksklúːsɪv]	形 限定的な；排他的な 名 exclusion 除外
7 ☐☐ **renewal** [rɪnjúːəl]	名 更新；期間延長 動 renew 更新される；を更新する 形 renewable 更新できる，延長できる
8 ☐☐ **electronic** [ɪlèktrá(ː)nɪk] ❶	形 電子の 副 electronically 電子的に
9 ☐☐ **duration** [djuəréɪʃən]	名 持続期間 形 durable 長持ちする，耐久性のある
10 ☐☐ **exceptional** [ɪksépʃənəl]	形 例外的な，特別な；優れた 名 exception 例外
11 ☐☐ **half-yearly** [hǽfjìərlɪ]	形 半年ごとの 副 半年ごとに ● cf. quarterly 四半期ごとの

12 ☐☐ **immediate family**	肉親，近親者 ● cf. relative 親族，身内
13 ☐☐ **as a token of *one's* gratitude**	感謝のしるしとして ● token は「しるし，象徴」を意味する言葉
14 ☐☐ **extend** [ɪksténd]	🔲 を拡張する；を延長する
15 ☐☐ **at no extra charge**	追加料金なしで ⬌ at an extra charge 追加料金によって
16 ☐☐ **be dedicated to ～**	～に専念している 🟰 be devoted to ～
17 ☐☐ **superior** [supíəriər]	🔲 優れた ⬌ inferior 劣っている
18 ☐☐ **inquiry** [ínkwəri]	🔲 質問 🟰 question, query
19 ☐☐ **representative** [rèprɪzéntətɪv]	🔲 担当者〈of, from ～の〉 🔲 represent を代表する 🟰 person in charge

商品・サービス

8 クーポンの発行 クーポン

Godfrey's Tire and [1]Automotive
Quick Service for Your [2]Vehicle Needs

Save 15% Today!

[3]Redeem with Promo Code: **GTASAVE15**

Please present this coupon [4]**along with** your ID. This offer
[5]**excludes** battery testing, tire [6]**installation**, emissions* testing, or
glass repair.

Offer [7]Expires: February 17

[8]Valid Only At:

Participating Godfrey's Tire and Automotive Locations

Restrictions [9]**apply**. There is a [10]**maximum** discount of $30. This
offer cannot be [11]**combined with** any other [12]**promotions**.
Additional [13]**charges** for extra parts or services, along
with[14]**applicable** taxes or necessary [15]**disposal** fees may be added.

🏴󠁧󠁢󠁥󠁮󠁧󠁿 (87 words)

....

*emissions 排出物，放出物

Godfrey's タイヤ・[1]自動車部品店
あなたの[2]車の需要に応えるすばやいサービス

本日にでも 15% のお値引きを！
プロモーションコードで[3]引き換え： GTASAVE15

身分証明書[4]と一緒に本クーポンをご提示ください。このお値引きは，バッテリーテスト，タイヤ[6]取り付け，排気ガステスト，またはガラス修理[5]は除きます。

値引き[7]失効日：2 月 17 日

[8]有効なのは以下のみ：
加盟している Godfrey's タイヤ・自動車部品店の支店

制限が[9]適用されます。[10]最大のお値引きは 30 ドルです。他のいかなる[12]プロモーション[11]と併用することはできません。[14]適用される税金や必要な[15]処分費用の他に，別途部品代やサービス料の追加[13]料金が加算される場合がございます。

1 ☐☐ **automotive** [ɔ̀təmóʊţɪv]	名 自動車部品店 形 自動車の ● automotive industry 自動車産業
2 ☐☐ **vehicle** [víːəkl] ❶	名 (自動車・列車などの) 乗りもの ● car「車」や bus「バス」を表す総称語として Part 1 で頻出
3 ☐☐ **redeem** [rɪdíːm]	動 (引換券・クーポンなど) を引き換える
4 ☐☐ **along with ~**	~と一緒に, ~に加えて 🔁 besides
5 ☐☐ **exclude** [ɪksklúːd]	動 を除く, を考慮に入れない ↔ include を含む
6 ☐☐ **installation** [ìnstəléɪʃən]	名 取り付け, 設置 動 install を設置する ● cf. installment (分割払いの) 1回分の支払い
7 ☐☐ **expire** [ɪkspáɪər]	動 有効期限が切れる
8 ☐☐ **valid** [vǽlɪd]	形 有効な；妥当な 🔁 be in effect ↔ invalid 無効の
9 ☐☐ **apply** [əpláɪ]	動 適用される；を適用する
10 ☐☐ **maximum** [mǽksɪməm] ❶	形 最大の 名 最大限 ↔ minimum 最小の；最小限
11 ☐☐ **combine A with B**	A を B と組み合わせる

8

12 ☐☐ **promotion** [prəmóuʃən]	**名** プロモーション，販売促進（の製品） **動** promote を促進する ● promotional materials 販促資料
13 ☐☐ **charge** [tʃɑːrdʒ]	**名** 料金 **動** を請求する
14 ☐☐ **applicable** [əplíkəbl]	**形** 適用される ⇔ inapplicable 当てはまらない
15 ☐☐ **disposal** [dɪspóuzəl]	**名** 処分，処理 ≒ removal

商品・サービス

9 AI のカスタマーサービス 記事

Nileways Starts Customer Service AI

In a ¹**revolutionary** move, Nileways Online Shopping has recently implemented ²**artificial** intelligence (AI) in its customer service operations. This AI, ³**functioning** as an initial point of contact, ⁴**engages** in conversation with customers to understand their questions. Once the AI understands the issue, it ⁵**summarizes** the information and transfers it to a human assistant who then addresses the problem ⁶**in accordance with** company policy. This innovative approach has already resulted in significant ⁷**labor cost** reductions for the company.

⁸**Remarkably**, most customers remain ⁹**unaware** that their initial ¹⁰**interaction** is with an AI system, highlighting the ¹¹**sophistication** of the technology. Despite its efficiency, the AI system has ¹²**encountered** challenges in unusual situations. To¹³**cope with** such ¹⁴**instances**, it has been trained to promptly ¹⁵**forward** the matter to human staff who can make judgments in consultation with managers.

The company started trialing the plan last December, initially ¹⁶**assigning** just 5% of customer service tasks **to** the AI. ¹⁷**Owing to** the success and positive feedback, plans are ¹⁸**underway** to expand its role to handle all customer service inquiries starting in March. Depending on its success, other businesses are sure to ¹⁹**adopt** similar strategies.

(193 words)

Nileways がカスタマーサービス AI を開始

¹<u>画期的</u>な方策として，Nileways オンラインショッピングは最近，お客さまサービス業務に ²<u>人工</u>知能（AI）を導入した。この AI は，最初の接点として ³<u>機能</u>しながら，顧客の質問を理解するために顧客との会話に ⁴<u>従事</u>する。AI は一度問題を理解すると，情報 ⁵<u>をまとめて</u>人間の補佐役へ転送し，それからその補佐役が会社の方針 ⁶<u>に従って</u>問題に対処する。この革新的な取り組みにより，同社はすでに大幅な ⁷<u>人件費</u>削減を実現している。

⁸<u>驚いた</u>ことに，ほとんどの顧客は最初の ¹⁰<u>やりとり</u>が AI システムとのものであるということに ⁹<u>気付かない</u>ままであり，この技術の ¹¹<u>精巧さ</u>を強調している。その効率の良さにもかかわらず，AI システムはまれな状況で確かに課題 ¹²<u>に直面</u>している。そのような ¹⁴<u>事例</u> ¹³<u>に対処</u>するため，管理者と相談して判断することができる人間のスタッフに，速やかに問題 ¹⁵<u>を伝える</u>ようシステムは訓練されている。

同社は昨年 12 月にこの計画の試行を開始し，当初はお客さまサービス業務の 5%だけを AI ¹⁶<u>に割り当てた</u>。その成功と好意的な反応 ¹⁷<u>により</u>，AI の役割を拡大して，3 月からはすべてのお客さまサービスへの問い合わせに対応する計画が ¹⁸<u>進行中</u>だ。この成功次第では，他の企業も似たような戦略 ¹⁹<u>を採用</u>するのは確実である。

1 ☐☐ **revolutionary** [rèvəlú:ʃənèri]	形 画期的な；革命の
2 ☐☐ **artificial** [ὰːrţɪfíʃəl] ❶	形 人工の，人工的な ⇄ natural 自然の ● artificial intelligence 人工知能
3 ☐☐ **function** [fʌ́ŋkʃən]	動 機能を果たす〈as 〜としての〉 名 機能；職務
4 ☐☐ **engage** [ɪngéɪdʒ]	動 携わる，従事する〈in, with 〜に〉 🖥 take part
5 ☐☐ **summarize** [sʌ́mərὰɪz]	動 を要約する 名 summary 要約
6 ☐☐ **in accordance with 〜**	〜に従って
7 ☐☐ **labor cost**	人件費 🖥 personnel expenses
8 ☐☐ **remarkably** [rɪmάːrkəbli]	副 驚いたことに；著しく 形 remarkable 注目すべき，驚くべき
9 ☐☐ **unaware** [ʌ̀nəwéər]	形 気付いていない ⇄ aware 気付いて，意識して ● unaware that ... または unaware of 〜の形で出題される
10 ☐☐ **interaction** [ìnţərǽkʃən]	名 やりとり 動 interact 交流する
11 ☐☐ **sophistication** [səfìstɪkéɪʃən]	名 精巧さ；洗練されていること 形 sophisticated 洗練された

12 ☐☐ **encounter** [ɪnkáʊn̬ər]	**動** に直面する **冒** face
13 ☐☐ **cope with ～**	～に対処する
14 ☐☐ **instance** [ínstəns] **❶**	**名** 事例，例 ● for instance 例えば
15 ☐☐ **forward** [fɔ́ːrwərd]	**動** を伝える；を転送する **副** 前へ
16 ☐☐ **assign** *A* **to** *B*	A を B に割り当てる
17 ☐☐ **owing to ～**	～によって **冒** because of ～
18 ☐☐ **underway** [ʌ̀ndərwéɪ]	**形** 進行中の **冒** in progress
19 ☐☐ **adopt** [ədá(:)pt]	**動** を採用する **名** adoption 採用

商品・サービス
確認テスト

（解答：p.100）

■ 次の日本語の意味の単語を下の❶ ～ ⓰の中から選びなさい。

（1） 蓄積　　　　　　　　　　　　　（　　　　　　　　　　　　　）

（2） 翌日配達の　　　　　　　　　　（　　　　　　　　　　　　　）

（3） を確認する　　　　　　　　　　（　　　　　　　　　　　　　）

（4） 互換性のある　　　　　　　　　（　　　　　　　　　　　　　）

（5） （引換券・クーポンなど）を引き換える（　　　　　　　　　　）

（6） 常に　　　　　　　　　　　　　（　　　　　　　　　　　　　）

（7） 限定的な　　　　　　　　　　　（　　　　　　　　　　　　　）

（8） を派遣する　　　　　　　　　　（　　　　　　　　　　　　　）

（9） （物価や利益などの）急上昇　　（　　　　　　　　　　　　　）

（10）驚いたことに　　　　　　　　　（　　　　　　　　　　　　　）

（11）多額の　　　　　　　　　　　　（　　　　　　　　　　　　　）

（12）やりとり　　　　　　　　　　　（　　　　　　　　　　　　　）

（13）極めて重要な　　　　　　　　　（　　　　　　　　　　　　　）

（14）を特定する　　　　　　　　　　（　　　　　　　　　　　　　）

（15）質問　　　　　　　　　　　　　（　　　　　　　　　　　　　）

（16）点検　　　　　　　　　　　　　（　　　　　　　　　　　　　）

❶ surge	❷ compatible	❸ interaction	❹ redeem
❺ inspection	❻ overnight	❼ inquiry	❽ identify
❾ dispatch	❿ accumulation	⓫ remarkably	⓬ crucial
⓭ constantly	⓮ verify	⓯ substantial	⓰ exclusive

98

2 次の単熟語の意味に最も近いものをそれぞれ ❶ ～ ❹ の中から 1 つ選びなさい。

(1) broad
❶ excessive
❷ extensive
❸ immediate
❹ revolutionary

(2) removal
❶ interference
❷ bulk order
❸ disposal
❹ expiration

(3) adjust
❶ track
❷ adapt
❸ register
❹ exclude

(4) continuous
❶ actual
❷ predictable
❸ critical
❹ ongoing

(5) stage
❶ phase
❷ situation
❸ transfer
❹ standard

(6) follow
❶ align
❷ face
❸ go through ～
❹ allow for ～

(7) textile
❶ office supplies
❷ charge
❸ fabric
❹ appliance

(8) defective
❶ exclusive
❷ unaware
❸ valid
❹ faulty

(9) character
❶ personality
❷ capability
❸ patron
❹ precision

(10) free
❶ invaluable
❷ relevant
❸ complimentary
❹ superior

(11) work on ～
❶ handle
❷ tackle
❸ accelerate
❹ discontinue

(12) in progress
❶ occupied
❷ varying
❸ uninterrupted
❹ underway

解答

1 （1）⑩ accumulation（→p.64）　（2）⑥ overnight（→p.85）

（3）⑭ verify（→p.77）　（4）❷ compatible（→p.84）

（5）❹ redeem（→p.92）　（6）⑬ constantly（→p.73）

（7）⑯ exclusive（→p.88）　（8）❾ dispatch（→p.80）

（9）❶ surge（→p.68）　（10）⑪ remarkably（→p.96）

（11）⑮ substantial（→p.72）　（12）❸ interaction（→p.96）

（13）⑫ crucial（→p.69）　（14）❽ identify（→p.65）

（15）❼ inquiry（→p.89）　（16）❺ inspection（→p.76）

2 （1）❷ extensive（→p.88）

（2）❸ disposal（→p.93）

（3）❷ adapt（→p.73）

（4）❹ ongoing（→p.64）

（5）❶ phase（→p.65）

（6）❸ go through ～（→p.80）

（7）❸ fabric（→p.68）

（8）❹ faulty（→p.76）

（9）❶ personality（→p.73）

（10）❸ complimentary（→p.84）

（11）❷ tackle（→p.64）

（12）❹ underway（→p.97）

不動産・工事

1 マンションの入居者向け案内 ………………………… 102

2 オフィスビルの工事案内 ……………………………… 106

3 モールの跡地にホテルがオープン ………………… 110

4 賃貸物件の定期点検 …………………………………… 114

5 オフィスビルの清掃 …………………………………… 118

6 博物館のレイアウト変更 …………………………… 122

7 オフィスの賃貸契約 …………………………………… 126

8 ドローンでの新工場エリア探し …………………… 130

9 ホテルのリノベーション …………………………… 134

確認テスト ………………………………………………… 138

不動産・工事

■1 マンションの入居者向け案内 通知

NOTICE TO RESIDENTS

Subject: Upcoming Rent Increase [1]**Effective** July 1

Dear Residents,

In accordance with Hansen City [2]**accommodation** [3]**regulations**, we are providing a six-month [4]**advance notice** regarding an [5]**adjustment** to your rental fees. Effective July 1, there will be a five percent increase in the monthly rent for all apartment units within our building.

This decision has not been made [6]**lightly**. For some time, our management team has [7]**strived to** [8]**absorb** the escalating costs [9]**associated** with the maintenance and operation of our [10]**property**. The costs that have [11]**notably** increased include:

Maintenance and Repairs: The expense for regular maintenance and [12]**urgent** repair work has risen significantly.

[13]**Utility** **Expenses**: The charges for water, gas, and electricity have seen an [14]**upward trend**.

Service Enhancements: To offer a higher standard of living, we have upgraded services such as security and cleaning.

Please understand that we deeply [15]**regret** having to implement this increase and have [16]**postponed** it for as long as possible.

We [17]**appreciate** your understanding. Should you have any questions or concerns, please feel free to contact our office.

Thank you for your continued [18]**residency** and support.

Sincerely,

Thornton [19]**Mansions** Management

🇦🇺 (187 words)

入居者の方へのお知らせ

件名：7月1日から ¹実施の来たる家賃値上げについて

入居者の皆さまへ

この度，ハンセン市 ²宿泊施設 ³規則に基づき，賃貸料 ⁵改定に関する6カ月の ⁴事前通知をいたします。7月1日より実施となり，当ビル内の全アパートの月額賃料を5%値上げさせていただきます。

この決定は ⁶軽々しくなされたものではありません。しばらくの間，私どもの管理チームは，当 ¹⁰不動産の維持・運営に ⁹関連する費用の高騰 ⁸に対処し ⁷ようと努力して参りました。¹¹著しく増加した費用には以下が含まれます：

修繕維持：定期的なメンテナンスと ¹²緊急の修繕にかかる費用が大幅に増加しました。
¹³水道光熱費：水道，ガス，電気料金は ¹⁴上昇傾向にあります。
サービスの向上：より高い生活水準を提供するため，セキュリティや清掃などのサービスを向上させました。

私たちは今回の値上げを実行しなければならなかったことを非常に ¹⁵残念に思っており，可能な限り長く値上げ ¹⁶を延期したことをご理解ください。

皆さまのご理解 ¹⁷に感謝いたします。ご質問や懸念点がございましたら，お気軽に事務局までお問い合わせください。

継続的な ¹⁸居住並びにご支援ありがとうございます。

敬具

Thornton¹⁹マンション管理

---

if の省略

文中の Should you have any questions or concerns,... を見て，疑問文だと思ってしまった方はいませんか？ これは Part 6 の超定番表現で，If you should have any questions の If が省略されて should が前に出てきただけです。どの Part で出てきてもピンとくるよう慣れておきましょう。

1 ☐☐ **effective** [ɪféktɪv]	形（日付から）効力がある；効果的な ● effective as of ～「～の時点から有効」の形でも頻出
2 ☐☐ **accommodation** [əkà(:)mədéɪʃən]	名 宿泊施設 ≒ inn
3 ☐☐ **regulation** [règjuléɪʃən]	名（通例 -s）規則 ≒ rule
4 ☐☐ **advance notice**	事前通知 ● prior notice も「事前通達」の意味
5 ☐☐ **adjustment** [ədʒʌstmənt]	名 調整；適応 動 adjust を調整する，を調節する
6 ☐☐ **lightly** [láɪtli]	副 軽々しく，軽く 形 light 軽い，軽快な ⇔ heavily 濃く；重く
7 ☐☐ **strive to _do_**	～しようと努力する ≒ endeavor to _do_
8 ☐☐ **absorb** [əbzɔ́:rb]	動 に対処する；を吸収する
9 ☐☐ **associated** [əsóʊʃièɪṭɪd]	形 関連した，結びついた〈with ～と〉 ≒ connected
10 ☐☐ **property** [prá(:)pərti]	名 不動産，物件；財産
11 ☐☐ **notably** [nóʊṭəbli]	副 著しく；特に 形 notable 顕著な ≒ remarkably

12 ☐☐ **urgent** [ə́:rdʒənt] ❶	形 緊急の 名 urgency 緊急（性） ● urgent request 至急のお願い
13 ☐☐ **utility** [jutílət̬i]	名 公共設備
14 ☐☐ **upward trend**	上昇傾向 ⇔ downward trend 下落傾向
15 ☐☐ **regret** [rɪgrét]	動 を後悔する ● regret to *do* で「残念ながら～する」の意味に
16 ☐☐ **postpone** [poʊstpóʊn] ❶	動 を延期する ⊟ put off
17 ☐☐ **appreciate** [əprí:ʃièɪt] ❶	動 に感謝する；（音楽・文学など）を鑑賞する ● appreciate は「人」を目的語に取らないので注意
18 ☐☐ **residency** [rézɪdənsi]	名 居住；在住許可 名 resident 住民，居住者
19 ☐☐ **mansion** [mǽnʃən]	名 (固有名詞+ Mansions で) マンション；大邸宅

2 オフィスビルの工事案内 　通知

NOTICE: [1]**Construction** Updates and Parking Arrangements

Dear Employees,

This notice is to inform you about the ongoing construction on the [2]**exterior** of the Spire office building. The project, expected to last approximately four months, has been [3]**undertaken** to [4]**modernize** the building's [5]**appearance**.

During this period, the building's parking lot being [6]**utilized** by the construction team for storing materials will be [7]**inaccessible** to both staff and clients. We [8]**emphasize** that employees are forbidden to enter the parking lot [9]**under any circumstances** due to the lack of insurance [10]**coverage** for the worksite.

[11]**Furthermore**, considering the potential [12]**disruptions** caused by the construction, we recommend arranging client meetings at alternative locations. If there is a need to [13]**make use of** [14]**external** meeting spaces, [15]**rest assured that** the company will [16]**reimburse** you for these expenses. Please submit the relevant receipts to the finance department for processing.

We appreciate your cooperation and understanding. Should you have any questions or require [17]**clarification**, please do not [18]**hesitate to** contact the building management office.

Sincerely,

Tessa Davidson
Spire Building Management

🏴󠁧󠁢󠁥󠁮󠁧󠁿 (171 words)

お知らせ：[1]工事の最新情報と駐車場の手配について

従業員の皆さんへ

このお知らせは進行中の Spire オフィスビルの [2]外装工事についてお知らせするためのものです。この工事は，約 4 カ月間続く予定で，ビルの [5]外観 [4]を近代化するために [3]行われています。

この期間中，当ビルの駐車場は建設チームによって資材の保管に [6]使用されており，スタッフおよびお客さま共に [7]ご利用いただけなくなります。作業現場が保険 [10]適用範囲外のため，従業員は [9]いかなる状況においても駐車場に立ち入ることを禁じられているということ [8]を強調いたします。

[11]さらに，工事によって引き起こされる潜在的な [12]混乱を考慮し，顧客との打ち合わせは別の場所で行うことを推奨しています。[14]外部の会議スペース [13]をご利用いただく必要がある場合は，会社がその費用 [16]を払い戻します [15]のでご安心ください。手続きのため関連する領収書を財務部にご提出ください。

皆さんのご協力とご理解に感謝申し上げます。ご不明な点，または [17]説明が必要な際は，[18]ご遠慮なくビル管理室まで連絡してください。

敬具

Tessa Davidson
Spire ビル管理

オフィスビルの工事案内

1 ☐☐ **construction** [kənstrʌ́kʃən]	**名** 工事，建設；組立 **動** construct を建設する；を組み立てる ● under construction 建設中で
2 ☐☐ **exterior** [ɪkstíəriər]	**名** 外装，外観〈of ～の〉 ↔ interior 内装，内部
3 ☐☐ **undertake** [ʌ̀ndərtéɪk]	**動** に着手する；を引き受ける ● undertake an investigation 調査を始める
4 ☐☐ **modernize** [mɑ́(:)dərnàɪz]	**動** を現代化する **名** modernity 現代性，近代性
5 ☐☐ **appearance** [əpíərəns]	**名** 外観；出現；出演 **動** appear 現れる
6 ☐☐ **utilize** [júːṭəlàɪz]	**動** を利用する ● 発音は「ユータライズ」のようになる
7 ☐☐ **inaccessible** [ìnəksésəbl]	**形** 近づきにくい，行けない ↔ accessible 行きやすい
8 ☐☐ **emphasize** [émfəsàɪz]	**動** を強調する **名** emphasis 強調
9 ☐☐ **under any circumstances**	いかなる状況においても 冒 in any case ● circumstances は「状況」を意味する単語
10 ☐☐ **coverage** [kʌ́vərɪdʒ] ❶	**名** 適用範囲，補償内容 **動** cover を補償する
11 ☐☐ **furthermore** [fə́ːrðərmɔ̀ːr]	**副** さらに 冒 moreover

12 ☐☐ **disruption** [dɪsrˈʌpʃən]	**名** 混乱，中断 **形** disruptive 混乱をもたらす
13 ☐☐ **make use of 〜**	〜を利用する ● make the best use of 〜 〜を最大限に利用する
14 ☐☐ **external** [ɪkstˈəːrnəl]	**形** 外部の，外の ⇔ internal 内部の
15 ☐☐ **rest assured that ...**	…なのでご安心ください
16 ☐☐ **reimburse** [rìːɪmbˈəːrs]	**動** を返済する **名** reimbursement 返済 ● reimburse A for B A に B を返済する
17 ☐☐ **clarification** [klæ̀rəfɪkéɪʃən]	**名** 説明；明確化 **動** clarify を明確にする
18 ☐☐ **hesitate to *do***	〜することをためらう

不動産・工事

2

❸ モールの跡地にホテルがオープン 広告

Experience an ¹enjoyable ²retreat in a tropical paradise

Galway Hotel has recently opened on the former Evergreen Shopping Mall site. It took almost five years to ³**demolish** the old ⁴**structure** and create a new, advanced hotel. The shopping mall was located near Honouliuli Station, but with the ⁵**widespread** use of cars, it was ⁶**no longer** a convenient shopping location. However, its ⁷**proximity to** the station makes it the perfect location for a hotel.

The hotel is proud of the guest rooms with luxury ⁸**furnishings** and ⁹**spacious** interiors. Guests have access to three ¹⁰**in-house** spas and two private beach areas, providing the perfect space to relax and ¹¹**destress**. When guests are not relaxing, all rooms come with a high-speed Internet connection, a large desk, and a comfortable office chair, perfect for ¹²**remote** work. For guests who are in need of even more business-oriented resources, we also offer an excellent business center, which was built on the site that used to be the shopping mall's parking lot. ¹³**Among other things**, the hotel can provide tablet computers, photocopiers, ¹⁴**secretarial** services, and meeting rooms of various sizes. The center staff has a reputation for ¹⁵**dependability** and efficiency that few accommodation providers can match.

The ¹⁶**breathtaking view** from our top-floor restaurant will be one of the highlights of your stay, but there are also ¹⁷**a number of** other attractions ¹⁸**within walking distance**. These include diverse gourmet ¹⁹**eateries**, boutique shops, and cultural attractions. They are sure to leave you with ²⁰**lasting** memories that you'll ²¹**cherish** forever.

We look forward to greeting you at the Galway Hotel.

🏴󠁧󠁢󠁥󠁮󠁧󠁿 (260 words)

熱帯の楽園での ¹楽しい ²静養地をご体験ください

Galway ホテルは，旧 Evergreen ショッピングモールの跡地に最近オープンをしました。古い ⁴建物 ³を解体し，新しく先進的なホテルを建設するのに約 5 年の月日がかかりました。ショッピングモールはホノウリウリ駅の近くに位置していましたが，車使用の ⁵普及に伴い，便利な買いものの場所 ⁶ではなくなっていました。しかしながら，駅 ⁷への近さから，ホテルには最適な場所となっています。

当ホテルの自慢は，豪華な ⁸家具と ⁹広々とした室内を備えた客室です。宿泊されるお客さまは ¹⁰館内の 3 つのスパと 2 つのプライベートビーチエリアにアクセスでき，くつろぎと ¹¹ストレス解消に最適な空間を提供しています。お客さまがくつろがないときには，すべての部屋に高速インターネット接続，大きなデスク，そして快適なオフィスチェアが備えられているので，¹²リモートでのお仕事に最適です。さらにビジネス向けの備品が必要なお客さまには，かつてショッピングモールの駐車場であった場所に建てられた，素晴らしいビジネスセンターも提供しております。¹³とりわけ，ホテルはタブレットコンピューター，コピー機，¹⁴秘書サービス，そしてさまざまな規模の会議室を提供できます。センターのスタッフは，¹⁵信頼性と効率性に関して，他の宿泊施設の提供者が追随できないほどの評判を得ています。

最上階のレストランからの ¹⁶息をのむような眺めはきっと滞在の目玉の 1 つとなりますが，¹⁸徒歩圏内にも他の ¹⁷いくつかの魅力ある施設があります。この中には，多様なグルメ ¹⁹レストラン，高級洋服店や文化的な名所などがあります。これらはきっと，あなたがずっと ²¹心に大切にしまっておける，²⁰忘れられない思い出を残すことでしょう。

Galway ホテルでごあいさつできることを楽しみにしております。

モールの跡地にホテルがオープン

1 ☐☐ **enjoyable** [ɪndʒɔ́ɪəbl]	形 楽しめる；愉快な 🔁 entertaining
2 ☐☐ **retreat** [rɪtríːt]	名 休養所，保養所　動 撤退する〈from ～から〉 🔁 resort ● company retreat 社員旅行
3 ☐☐ **demolish** [dɪmɑ́(ː)lɪʃ]	動 を解体する，を取り壊す 名 demolition 解体
4 ☐☐ **structure** [strʌ́ktʃər]	名 建造物；構造　動 を組み立てる 形 structural 構造上の 🔁 building
5 ☐☐ **widespread** [wáɪdsprèd]	形 普及した，広範囲に及ぶ 🔁 broad 🔁 limited 限定された
6 ☐☐ **no longer**	もはや～ではない
7 ☐☐ **proximity to ～**	～への近さ 形 proximate 近い；直接の
8 ☐☐ **furnishing** [fɚ́rnɪʃɪŋ]	名 (通例 -s) 家具，備品 🔁 furniture ● 集合名詞として，常に複数扱い
9 ☐☐ **spacious** [spéɪʃəs]	形 広々とした 名 space 場所，空間
10 ☐☐ **in-house** [ìnháus]	形 組織内の ● cf. outsource 外注する，業務委託する
11 ☐☐ **destress** [diːstrés]	動 ストレスを解消する

12 ☐☐ **remote** [rɪmóʊt]	形 遠隔操作の；遠く離れた 副 remotely 遠くで
13 ☐☐ **among other things**	数ある中で，とりわけ；その上
14 ☐☐ **secretarial** [sèkrətéəriəl]	形 秘書の 名 secretary 秘書
15 ☐☐ **dependability** [dɪpéndəbíləṭi]	名 信頼性 動 depend に頼る
16 ☐☐ **breathtaking view**	息をのむような眺め ≒ astonishing view
17 ☐☐ **a number of ~**	いくつかの～ ≒ several
18 ☐☐ **within walking distance**	徒歩圏内に
19 ☐☐ **eatery** [íːṭəri]	名 レストラン ≒ restaurant
20 ☐☐ **lasting** [læstɪŋ]	形 永久的な；長持ちする 動 last 続く ≒ continuing, lifelong
21 ☐☐ **cherish** [tʃérɪʃ]	動 を心に抱く，を大切にする

不動産・工事

4 賃貸物件の定期点検 Eメール

To: Terry Yamamoto
From: Margo Vance
Subject: Upcoming Property Inspection Notification

Dear Mr. Yamamoto,

I am writing to inform you that the [1]**routine** inspection of your property will take place next week. Please let us know if you would like to be home for the inspection so that we can set up a [2]**mutually** [3]**agreeable** date and time. This inspection is to [4]**assess** the [5]**overall** [6]**condition** of the property and to ensure [7]**compliance** with the lease.

The [8]**primary** [9]**focus** of the inspection will be to identify any damage or [10]**usage** that [11]**conflicts** with the details of the [12]**agreement**. Please note that normal [13]**wear and tear** [14]**incurred** through everyday use is not a concern. [15]**In fact**, this inspection also [16]**serves as** an opportunity for you to bring to our attention any necessary repairs or maintenance issues.

We ask that you make sure that all areas of the property are [17]**accessible**. Any [18]**obstruction** that slows the inspection process should be removed beforehand. Also, please be advised that the inspector will be taking photographs of the property for [19]**documentation** purposes. We recommend storing away any personal [20]**belongings** or items that you would prefer not to have photographed.

If you have any questions or concerns, please feel free to contact me.

Best regards,

Margo Vance, NNN Real Estate

🇺🇸 (214 words)

受信者：Terry Yamamoto
送信者：Margo Vance
件名：今後の物件点検のお知らせ

Yamamoto さま

お客さまの物件の ¹定期点検が来週行われることをお知らせするためにお送りしています。²お互いに ³都合の良い日にちと時間を設定することができるように，点検の際にご在宅をご希望の場合はお知らせください。この検査は，物件の ⁵全体的な ⁶状態 ⁴を評価し，賃貸条件を ⁷遵守していることを確認するためです。

点検の ⁸主な ⁹目的は，¹²契約内容と ¹¹相反するあらゆる損傷や ¹⁰使用状況を確認することです。日常的な使用によって ¹⁴生じる通常の ¹³損耗は心配するものではないことをご承知おきください。¹⁵実際，この点検は，必要な修理やメンテナンスの問題を我々にお知らせいただく機会 ¹⁶でもあります。

物件内のすべての場所に ¹⁷入ることができるように確認をお願いいたします。点検工程を遅らせる ¹⁸障害物は，事前に取り除くようお願いいたします。また，点検員は ¹⁹証拠書類の目的で物件の写真を撮りますので，ご承知おきください。個人の ²⁰身の回りのものや写真に撮られたくないものはすべてしまっておくことをお勧めします。

ご質問やご不明な点がございましたら，お気軽にご連絡ください。

敬具

NNN 不動産　Margo Vance

1 ☐☐ **routine** [ruːtíːn] 🔊	形 日常の；決まりきった 🟰 regular
2 ☐☐ **mutually** [mjúːtʃuəli]	副 お互いに 形 mutual 相互の
3 ☐☐ **agreeable** [əgríːəbl]	形 合意して，合意できる ↔ disagreeable 不愉快な，嫌な
4 ☐☐ **assess** [əsés]	動 を評価する 名 assessment 評価
5 ☐☐ **overall** [òʊvərɔ́ːl] 🔊	形 全体的な 副 全体的に
6 ☐☐ **condition** [kəndíʃən]	名 状態；(通例 -s) 状況 動 (事情が) を条件づける
7 ☐☐ **compliance** [kəmpláɪəns]	名 遵守，コンプライアンス ↔ disobedience 規則への違反
8 ☐☐ **primary** [práɪmèri] 🔊	形 主要な；最初の ● primary aim 主な目的
9 ☐☐ **focus** [fóʊkəs]	名 焦点，中心 動 焦点を当てる；集中する 〈on ～に〉
10 ☐☐ **usage** [júːsɪdʒ] 🔊	名 (ものの) 使い方；使用 (量)；語法 ● water usage 水の使用量
11 ☐☐ **conflict** [kənflíkt] 🔊	動 矛盾する 名 対立，衝突

12 ☐☐ **agreement** [əgríːmənt]	**名** 契約，同意 ⇄ disagreement 不一致，相違
13 ☐☐ **wear and tear**	摩耗
14 ☐☐ **incur** [ɪnkə́ːr] ❶	**動**（好ましくないこと）を招く；（負傷・損害など）を被る
15 ☐☐ **in fact**	実際は 🔁 actually
16 ☐☐ **serve as ～**	～として機能する，～としての役目を務める 🔁 act as ～
17 ☐☐ **accessible** [əksésəbl]	**形** アクセスできる；利用可能な **動 名** access にアクセスする；接近方法，入手 **名** accessibility 利用しやすさ
18 ☐☐ **obstruction** [əbstrʌ́kʃən]	**名** 障害（物） **動** obstruct を妨害する 🔁 obstacle
19 ☐☐ **documentation** [dɑ̀(ː)kjumentéɪʃən]	**名** 証拠書類，公式文書
20 ☐☐ **belonging** [bɪlɔ́(ː)ŋɪŋ]	**名**（通例 -s）所有物，身の回り品 🔁 possession

不動産・工事

4

不動産・工事

5 オフィスビルの清掃 [Eメール]

To: All employees From: Norman Donald
Subject: New Cleaning Responsibilities for All Employees

Dear Team,

Thank you all for your hard work over the past few months. **¹As part of** our ongoing efforts to reduce **²running costs**, we have made a significant change to our office cleaning policy. Starting next week, the responsibility for **³maintaining** a clean and **⁴tidy** workspace will **⁵shift** from Freshaway Office Cleaners to our own staff members.

Each of you will **⁶be responsible for** cleaning your **⁷individual** **⁸cubicles**. At the end of each day, please ensure your carpet is **⁹vacuumed**, and your **¹⁰bins** are emptied. For shared spaces like the conference rooms and staff kitchen, the last person to use the area is expected to clean it.

After using the conference room, **¹¹wipe down** the table, **¹²restore** chairs to their **¹³original** positions, and check for any **¹⁴trash** or dropped items **¹⁵underneath**. Cleaning products **¹⁶are located** under the kitchen sink. If you notice supplies are **¹⁷running low**, kindly inform Ms. Jones in the General Affairs Department.

Thank you for your **¹⁸cooperation** and understanding as we work to reduce our running costs.

Best regards,

Norman Donald
Manager — Sharp Video Production

▌◆▌ (192 words)

受信者：従業員各位　送信者：Norman Donald
件名：全従業員の新しい清掃責務

チームの皆さま

この数カ月間にわたる皆さまの懸命な働きに感謝申し上げます。²維持費を削減するための継続的な取り組み¹の一環として，私たちはオフィスの清掃方針に大幅な変更を加えました。来週より，清潔で⁴整頓された仕事場³を維持する責任は，Freshawayオフィス清掃会社から私たちスタッフに⁵移ります。

5

皆さま一人一人が⁷個々の⁸仕事スペースを清掃する⁶責任を負います。1日の終わりには，必ずカーペットに⁹掃除機がかけられ，¹⁰ゴミ箱が空になっているようにしてください。会議室やスタッフキッチンのような共有スペースは，最後にその場所を使用した人が清掃してください。

会議室使用後はテーブル¹¹を拭き，¹³元の位置に椅子¹²を戻し，そして¹⁵足下に¹⁴ゴミや落としものがないか確認してください。掃除用具はキッチンの流し台の下に¹⁶あります。備品が¹⁷不足していることにお気付きの場合は，総務部のJonesさんまでどうぞお知らせください。

維持費削減努力のための¹⁸ご協力とご理解に感謝申し上げます。

敬具

Norman Donald
Sharp 映像制作会社　責任者

オフィスビルの清掃

1 ☐☐ **as part of 〜**	〜の一環として
2 ☐☐ **running costs**	運営費
3 ☐☐ **maintain** [meɪntéɪn]	動 を維持する 名 maintenance 維持，持続
4 ☐☐ **tidy** [táɪdi]	形 綺麗な ⇔ messy（部屋などが）汚い，散らかった
5 ☐☐ **shift** [ʃíft]	動 移る，変わる〈from 〜から〉 名 変化，移動；（交代制の）勤務時間
6 ☐☐ **be responsible for 〜**	〜に責任を負う
7 ☐☐ **individual** [ìndɪvídʒuəl] ❶	形 個人の；個々の 名 個人 副 individually 個々に，それぞれ
8 ☐☐ **cubicle** [kjúːbɪkl]	名 小個室，区切られた仕事場 ● Part 1 で頻出の単語
9 ☐☐ **vacuum** [vǽkjuəm] ❶	動 を掃除機で掃除する ● vacuum cleaner 掃除機
10 ☐☐ **bin** [bín]	名 ゴミ箱 🔄 garbage can, trash can ● bin はイギリス英語，can はアメリカ英語で主に用いられる
11 ☐☐ **wipe down**	〜を拭く

12 ☐☐ **restore** [rɪstɔ́ːr]	**動** を元に戻す
13 ☐☐ **original** [ərídʒənəl] ❶	**形** 元の **副** originally 元々は
14 ☐☐ **trash** [træʃ]	**名** ゴミ，がらくた **言** garbage
15 ☐☐ **underneath** [ʌ̀ndərníːθ] ❶	**副** 下に，下部に **⇔** above 上に，頭上に
16 ☐☐ **be located**	位置している **言** be situated
17 ☐☐ **run low**	残り少なくなる，欠乏する **言** run short
18 ☐☐ **cooperation** [kouà(ː)pəréɪʃən]	**名** 協力〈with ～との〉 **動** cooperate 協力する，協働する

6 博物館のレイアウト変更　説明

Good morning, everyone. We are about to ¹**undergo** a major ²**reorganization** of the Genero City Museum's ³**layout**.

To ⁴**facilitate** this, the museum will be closed to the public for three weeks. During this period, our primary task will be to ⁵**rearrange** all of the ⁶**exhibits** through careful planning and ⁷**execution**.

First, our Science and Technology exhibits will now have a new home in the upcoming West ⁸**Wing** of the building. This move is an exciting opportunity to showcase these exhibits in a more modern and spacious environment. Second, the ⁹**artifacts** from our Prehistoric Civilizations* collection will be ¹⁰**relocated to** the North Wing. This move will allow us to present these artifacts in a more ¹¹**meaningful** and logical order.

Staff members are responsible for packing the museum's exhibits into special cases which are highly ¹²**resistant** to damage. We will be utilizing the services of Barclay Moving Company. Their team of professional movers will ¹³**be in charge of** transporting the cases to their new locations. I must ¹⁴**stress** that staff members should not engage in any transportation – this is the movers' responsibility.

Now, ¹⁵**regarding** the ¹⁶**logistics** and timing of these moves, a detailed schedule as well as a blueprint of the floorplan was sent to you in an e-mail yesterday evening. Please ¹⁷**refer to** this e-mail to understand when your department is scheduled to move and the ¹⁸**corresponding** deadline for packing the exhibits. If there are any concerns, or if you anticipate any difficulties in meeting your deadline, please ¹⁹**reach out to** the senior ²⁰**curator** as soon as possible.

🏴󠁧󠁢󠁥󠁮󠁧󠁿 (257 words)

* prehistoric civilization 先史文明

皆さん，おはようございます。この度，ジェネロ市博物館の <u>³配置</u> の大幅な <u>²再編成</u> <u>¹</u>をすることになりました。

編成作業 <u>⁴</u>を進めるため，3週間の間，博物館は一般公開をお休みいたします。この期間中，私たちの主な仕事は，慎重な計画と <u>⁷実行</u> を通してすべての <u>⁶展示物</u> の <u>⁵配置</u> <u>を変える</u>ことです。

まず，科学技術に関する展示は，今後建設が予定されている建物の西 <u>⁸棟</u> が拠点となります。この移動は，これらの展示物をより近代的で広々とした環境で展示するのに良い機会です。第二に，先史文明コレクションの <u>⁹人口遺物</u> は北棟 <u>¹⁰に移動される</u>予定です。この移動により，これらの遺物をより <u>¹¹有意義</u>かつ論理的な順序で展示できるようになります。

スタッフは，博物館の展示品を非常に破損 <u>¹²に強い</u>特別なケースに梱包する責任を負っています。私たちは Barclay 運送会社のサービスを利用する予定です。プロの運送業者のチームが，新しい場所までケースを運搬すること <u>¹³を担当</u>します。スタッフはいかなる運搬にも従事すべきではないということ <u>¹⁴を強調</u>しておかなければなりません。運搬は運送業者の責任です。

さて，これらの移転の <u>¹⁶段取り</u>と時期 <u>¹⁵について</u>ですが，詳しい予定と間取り図の青写真は昨日の夕方に E メールでお送りしています。そちらの E メール <u>¹⁷を参照し</u>，ご自身の部署がいつ移動する予定なのか，またそれに <u>¹⁸対応する</u>展示品の梱包期限をご確認ください。もし何か懸念点がある場合や，期限を守るのが難しいと予想される場合は，できるだけ早く上級 <u>²⁰学芸員</u> <u>¹⁹までご連絡</u>ください。

博物館のレイアウト変更

1 ☐☐ **undergo** [ʌ̀ndərɡóu] ❶	**動** を経験する；（治療や検査など）を受ける **冒** go through ~, experience ● undergo renovation 修復される
2 ☐☐ **reorganization** [rɪɔ̀ːrɡənəzéɪʃən]	**名** 再編成，再組織 **動** reorganize を再編成する，再編成される
3 ☐☐ **layout** [léɪàut]	**名** 配置，設計
4 ☐☐ **facilitate** [fəsílətèɪt]	**動** を促進する，を容易にする **名** facilitation 容易にすること，簡易化
5 ☐☐ **rearrange** [rìːəréɪndʒ]	**動** を配置しなおす **名** rearrangement 再配列，再配置
6 ☐☐ **exhibit** [ɪɡzíbət] ❶	**名** 展示品，陳列品 **名** exhibition 展示，展覧会
7 ☐☐ **execution** [èksɪkjúːʃən]	**名** 実行，遂行 **動** execute を実行する
8 ☐☐ **wing** [wɪŋ]	**名** （建物の）棟；翼
9 ☐☐ **artifact** [áːrtɪfækt]	**名** 人工遺物 **形** artificial 人工の
10 ☐☐ **relocate *A* to *B***	A を B に移す
11 ☐☐ **meaningful** [míːnɪŋfəl]	**形** 有意義な；重要な **名** meaning 意味 **⇔** meaningless 無意味な

12 ☐☐ **resistant** [rɪzístənt]	**形** 抵抗力のある〈to ～に〉，耐性がある ● shock-resistant「耐衝撃構造の」，water-resistant 「耐水性の」なども頻出
13 ☐☐ **be in charge of ～**	～を担当している
14 ☐☐ **stress** [stres]	**動** を強調する **名** 強調；ストレス，緊張 **≒** emphasize
15 ☐☐ **regarding** [rɪgáːrdɪŋ]	**前** ～について，～に関して **副** regardless それにもかかわらず
16 ☐☐ **logistics** [loʊdʒístɪks]	**名** (the ～)（業務の）段取り；ロジスティックス， 物流管理システム
17 ☐☐ **refer to ～**	～を参照する
18 ☐☐ **corresponding** [kɔ̀(ː)rəspá(ː)ndɪŋ]	**形** 対応する **動** correspond（もの・事が）一致する，符合する
19 ☐☐ **reach out to ～**	～に助けを求める ● 対象に「手を伸ばして近づく」イメージ
20 ☐☐ **curator** [kjʊəréɪt̬ər]	**名** 学芸員，（博物館・図書館の）館長

不動産・工事

7 オフィスの賃貸契約 　会話

M: I understand you're interested in ¹**leasing** the shop space on the first floor of the new apartment building.

W: That's right. I've been looking for the perfect ²**spot** to open my shop, and this space seems ³**ideal**.

M: It's a fantastic location indeed. And I can say the rent is low for the area, especially if you ⁴**take into consideration** proximity to the station. Have you decided on the lease ⁵**term**?

W: I'm ⁶**leaning** toward a shorter term ⁷**initially**, maybe around a year. I want to ensure the business ⁸**picks up** before committing to a longer ⁹**contract**.

M: Understandable. We do have flexible lease terms available. We have ¹⁰**provisions** for early ¹¹**termination** as well as ¹²**extensions** of the lease. There might be ¹³**associated fees** or conditions, especially if it's before the agreed term.

W: I'll ¹⁴**keep** that **in mind**. What about any ¹⁵**clauses** for ¹⁶**renovations** or ¹⁷**modifications** to the space?

M: The lease allows for minor modifications with ¹⁸**prior** ¹⁹**approval**. If you plan any significant renovations, we typically require a discussion and formal approval in advance.

W: That makes sense. Well, a one-year lease with options for extension seems like a good start. Can we ²⁰**proceed** with the contract?

M: 🇦🇺 W: 🇬🇧 (192 words)

M：新しいアパートの1階にある店舗スペース¹を借りることに関心を持ってくださっ
ているそうですね。

W：そうなんです。お店を開くのに最適な²場所を探していたのですが，このスペー
スが³理想的に見えます。

M：確かに素晴らしい立地です。特に駅からの近さ⁴を考慮すると，このエリアにし
ては家賃が安いと言えますね。賃貸⁵期間は決まりましたか。

W：⁷最初のうちは1年程度の短期契約に⁶しようかなと考えています。長期⁹契約に
踏み切る前に，ビジネスが⁸軌道に乗ることを確認したいです。

M：よくわかります。私どもは，柔軟な賃貸期間をご用意しております。賃貸期間の
¹²延長に加え，早期¹¹解約の¹⁰条項もございます。特に合意された期間前であれ
ば，¹³関連費用や条件が発生する可能性がございます。

W：¹⁴覚えておきます。スペースの¹⁶改装や¹⁷改修の¹⁵条項についてはどうですか。

M：賃貸契約では，¹⁸事前の¹⁹承認があれば小規模な改修は可能です。大規模な改修
をご計画の場合は，通常は事前のご相談と正式な承認が必要となります。

W：なるほど。そうですね，延長の選択肢もある1年契約が良いスタートかなと思い
ます。契約を²⁰進めることはできますか。

オフィスの賃貸契約

1 □□ **lease** [li:s]	**動** を賃借りする，を賃貸しする **名**（土地・建物の）賃貸借契約
2 □□ **spot** [spɑ(:)t]	**名** 場所 **≒** place
3 □□ **ideal** [aɪdíːəl] **❶**	**形** 理想的な；想像上の **副** ideally 理想的に，申し分なく
4 □□ **take into consideration**	～を考慮に入れる **≒** consider
5 □□ **term** [təːrm]	**名** 期間，任期 **≒** period ● terms and conditions 契約条件
6 □□ **lean** [liːn]	**動** 傾く；傾向がある ● lean against ～ ～に寄りかかる
7 □□ **initially** [ɪníʃəli] **❶**	**副** 最初のうちは，冒頭に **形** initial 最初の
8 □□ **pick up**	（ビジネスや売り上げが）良くなる **≒** improve, get better ● 「持ち上げる」「車で迎えに行く」などの意味もある
9 □□ **contract** [kɑ́(:)ntrækt] **❶**	**名** 契約，約定〈with ～との，for ～のための〉 **動** を契約する，請け負う
10 □□ **provision** [prəvíʒən]	**名** 条項；提供 **動** provide を提供する
11 □□ **termination** [tə̀ːrmɪnéɪʃən]	**名** 解約；満了，終了 **動** terminate を終わらせる

7

12 ☐☐ **extension** [ɪksténʃən]	名 延長；内線 動 extend を延長する
13 ☐☐ **associated fee**	関連費用 🔖 cost associated with ～ ～に関わる費用
14 ☐☐ **keep in mind**	～を覚えておく 🔖 bear in mind
15 ☐☐ **clause** [klɔːz]	名 条項，箇条
16 ☐☐ **renovation** [rénəvéɪʃən]	名 改装 動 renovate を改装する
17 ☐☐ **modification** [mà(ː)dɪfɪkéɪʃən]	名 変更，修正 動 modify を修正する
18 ☐☐ **prior** [práɪər] ❶	形 前の，事前の 🔖 previous　🔄 subsequent 後の ● prior engagement 先約
19 ☐☐ **approval** [əprúːvəl]	名 承認 動 approve 承認する
20 ☐☐ **proceed** [prəsíːd]	動 進む，続行する 名 (通例 -s) 売上高，収入 🔖 continue

不動産・工事

8 ドローンでの新工場エリア探し 会話

M: We need to ¹**move forward with** our preparation for the new factory a little faster. I've been ²**analyzing** the map online, and I've picked up ³**a couple of** potential sites. We need to consider the noise ⁴**factor**, so somewhere ⁵**distant** from ⁶**residential** areas is ⁷**preferable**.

W: We don't want to be too remote. It'd mean putting in our own roads and all of the other kinds of ⁸**infrastructure**. This would probably require us to spend a lot on ⁹**plumbing**, ¹⁰**power**, and fiber-optic cables, too.

M: Good point. Here are the two locations I'm considering. They've already been ¹¹**approved** for ¹²**industrial** development.

W: Looks good. But we need to get better understanding of the shape of the ¹³**land** before we make a ¹⁴**decision**.

M: I know. I think we need to take a trip out there to see them ¹⁵**up close**.

W: Sure. We should take a couple of drones with us to get some ¹⁶**aerial** shots and videos. They'll help us with our presentation for the planners and the ¹⁷**architect**.

M: Good idea! Well, when do you think we should take this ¹⁸**excursion**?

W: Let's ¹⁹**aim for** next Wednesday. We need to check the rules about the use of drones in that area first.

M: Sounds like a plan. I'll ²⁰**clear** our schedules for Wednesday. Do you want to take anyone else with us?

M: 🇨🇦 W: 🇬🇧 (210 words)

M：新工場の準備をもう少し <u>¹早く進める</u> 必要があります。ネットで地図 <u>²を分析し</u> て，<u>³いくつかの候補地</u>を選びました。騒音 <u>⁴要因</u>のことも考えないといけないの で，<u>⁶住宅地から</u> <u>⁵距離がある</u>ところが <u>⁷好ましい</u>です。

W：あまり遠すぎても困ります。それだと道路やその他のタイプの <u>⁸インフラ</u>を自分 たちで整備することになります。そうなるとおそらく，<u>⁹配管</u>や <u>¹⁰電力</u>，光ファ イバーケーブルなどにもたくさんお金をかけないといけなくなるでしょう。

M：良い指摘ですね。私が検討しているのはこの２カ所です。すでに <u>¹²工業開発地</u>と して <u>¹¹認可</u>されています。

W：良さそうですね。でも，<u>¹⁴決定を下す</u>前に <u>¹³土地</u>の形状をもっとよく把握する必 要がありますね。

M：そうですね。それらを <u>¹⁵間近</u>で見るために，私たちはそこへ行く必要がありそう です。

W：もちろん。ドローンを何機か持っていって，<u>¹⁶空からの写真</u>や動画を撮りましょ う。計画者や <u>¹⁷建築家</u>へのプレゼンテーションに役立ちます。

M：良い考えですね！ では，いつその <u>¹⁸視察</u>に行くのがいいと思いますか。

W：来週の水曜日 <u>¹⁹を狙いましょう</u>。まずはそのエリアのドローン使用に関するルー ルを確認する必要があります。

M：良さそうです。水曜日の私たちの予定 <u>²⁰を空けておき</u>ます。他に誰か連れて行き たい人はいますか。

ドローンの登場

TOEIC では世の中の動きに合わせて，新しいトピックが採用されるケースが増えてきま した。ドローンはその代表格と言えます。drone は元々，雄のミツバチを意味していま すが，広義では無人の小型飛行機といったところでしょうか？ TOEIC では工場などの 候補地探しや台風で壊れた屋根の点検などに使われる話が多いですが，そのうち，農薬 や肥料の散布，宅配などの用途でも登場するかもしれません。

ドローンでの新工場エリア探し

1 ☐☐ **move forward with ～**	（計画などを）進める 🔲 move ahead with ～
2 ☐☐ **analyze** [ǽnəlàɪz]	動（情報・原因など）を分析する 名 analysis 分析
3 ☐☐ **a couple of ～**	いくつかの～ 🔲 a few ～
4 ☐☐ **factor** [fǽktər]	名 要因，要素
5 ☐☐ **distant** [dístənt]	形 距離がある，遠い〈from ～から〉
6 ☐☐ **residential** [rèzɪdénʃəl]	形 住宅地区の 名 resident 住民，居住者
7 ☐☐ **preferable** [préfərəbl] ❶	形 好ましい 動 prefer を好む
8 ☐☐ **infrastructure** [ínfrəstrÁktʃər]	名 インフラ，（水道・ガス・電気などの）基本設備
9 ☐☐ **plumbing** [plÁmɪŋ]	名 配管；配管工事 名 plumber 配管工
10 ☐☐ **power** [páʊər]	名 電力；力 ● TOEIC ではよく power outage「停電」が起こる
11 ☐☐ **approve** [əprúːv]	動 を承認する，賛成する〈of ～に対して〉 名 approval 認可；賛成

12 ☐☐ **industrial** [ɪndʌ́striəl] ❶	形 工業の，産業の 名 industry 産業，工業 ● cf. industrious 勤勉な
13 ☐☐ **land** [lænd]	名 土地，陸地 動 着陸する，上陸する
14 ☐☐ **decision** [dɪsíʒən] ❶	名 決断，決定
15 ☐☐ **up close**	近くで ⇔ from a distance 遠くから
16 ☐☐ **aerial** [éəriəl]	形 空中の；空気の
17 ☐☐ **architect** [ɑ́ːrkɪtèkt] ❶	名 建築家 名 architecture 建築物，建築学
18 ☐☐ **excursion** [ɪkskə́ːrʒən]	名 視察旅行；小旅行 ● one-day excursion 日帰りの小旅行
19 ☐☐ **aim for ～**	～を狙う，～を目指す
20 ☐☐ **clear** [klɪər]	動 （場所など）を空ける，を片付ける 形 明快な，澄んだ 副 clearly はっきりと，明らかに

不動産・工事

9 ホテルのリノベーション Eメール

To: Akihiro Suzuki　From: Karen Huttenmeister
Subject: Quotation for Hotel Renovation Project

Dear Mr. Suzuki,

Thank you for this opportunity to provide a **¹quote** for your renovation project. We at Huttenmeister Construction are pleased to provide you with a detailed **²estimate** for the renovation of your hotel.

As you **³intend to** keep the hotel open, we have come up with a systematic approach to **⁴guarantee** minimal **⁵interruption** to your operations. We will renovate each floor **⁶in order** from top to bottom, allocating two months for each.

The **⁷scope** of our work includes the replacement of all plumbing **⁸fixtures** and electrical lines, as well as the installation of new wallpaper and new ceilings. Please **⁹take into account** that the cost of **¹⁰carpeting** is not included in this quote and will **¹¹vary** depending on the grade and style you select for the rooms and **¹²hallways**.

Our quotation is valid for 12 months. We believe this **¹³timeline** provides **¹⁴ample** **¹⁵flexibility** for planning and execution.

Huttenmeister Construction has a **¹⁶reputation** for **¹⁷reliability** and honesty. We would be happy to supply you with **¹⁸letters of reference** from previous clients if you wish. Should you have any **¹⁹queries** or require further clarification, please do not hesitate to contact us.

Best regards,

Karen Huttenmeister
President, Huttenmeister Construction

🇬🇧 (210 words)

134

受信者：Akihiro Suzuki　送信者：Karen Huttenmeister
件名：ホテル改装プロジェクトの見積もり

Suzuki さま

この度は，貴社の改修プロジェクトの ¹見積もりを提供する機会をいただき，ありがとうございます。Huttenmeister 建設では，貴ホテルの改修工事に関する詳細な ²お見積書を喜んで提出させていただきます。

貴ホテルは営業を継続 ³されるご意向とのことですので，営業への最小限の ⁵支障 ⁴を保証するために系統的な取り組みを提案させていただきます。各階を上から下へ ⁶順番に改装し，それぞれに 2 カ月を割り当てる予定です。

工事の ⁷範囲には，すべての配管 ⁸設備，送電ラインの交換，また，壁紙や天井の張り替えも含まれます。¹⁰カーペットの費用はこちらの見積もりには含まれておらず，カーペットの最終的な費用は，お部屋や ¹²廊下にお選びになる等級や様式によって ¹¹異なることを ⁹ご留意ください。

お見積もりは，12 カ月間有効です。この ¹³スケジュールであれば，計画と実行に ¹⁴十分な ¹⁵融通がきくと考えています。

Huttenmeister 建設は，¹⁷信頼性と誠実さで ¹⁶定評があります。ご希望があれば，過去の顧客からの ¹⁸推薦状を喜んで差し上げます。¹⁹ご質問やさらなるご説明が必要でしたら，ご遠慮なくお問い合わせください。

敬具

Karen Huttenmeister
Huttenmeister 建設　代表取締役

1 ☐☐ **quote** [kwoʊt] ❶	名 見積もり；名言 動 を引用する 🟰 estimate
2 ☐☐ **estimate** [éstɪmèɪt] ❶	名 見積もり 動 を見積もる 名 estimation 見積もり；評価　形 estimated 見積もりの
3 ☐☐ **intend to** *do*	～するつもりである
4 ☐☐ **guarantee** [gæ̀rəntíː] ❶	動 を保証する 🟰 ensure, assure
5 ☐☐ **interruption** [ìntərʌ́pʃən]	名 支障，妨害 動 interrupt をさえぎる
6 ☐☐ **in order**	順番に ● in numerical order 番号順に
7 ☐☐ **scope** [skoʊp]	名 範囲
8 ☐☐ **fixture** [fíkstʃər]	名 (通例 -s) 設備，固定されたもの
9 ☐☐ **take into account**	～を考慮に入れる 🟰 consider
10 ☐☐ **carpeting** [káːrpətɪŋ]	名 カーペット，じゅうたん
11 ☐☐ **vary** [véəri] ❶	動 変わる；を変える 🟰 change

9

12 ☐☐ **hallway** [hɔ́lwèɪ]	名 廊下，玄関 ● Part 1 で頻出の単語
13 ☐☐ **timeline** [táɪmlàɪn]	名 所要時間［日数］，スケジュール（表）
14 ☐☐ **ample** [ǽmpl]	形 十分な〈for ～に，to do ～するのに〉 ≡ abundant
15 ☐☐ **flexibility** [flèksəbíləṭi]	名 融通性；柔軟性 形 flexible 融通がきく
16 ☐☐ **reputation** [rèpjutéɪʃən]	名 名声，評判 ● earn a reputation 評判を築く
17 ☐☐ **reliability** [rɪlàɪəbíləṭi]	名 信頼性，確実性 形 reliable 信頼できる ⇔ unreliability 信頼性の欠如
18 ☐☐ **letter of reference**	推薦状 ≡ letter of recommendation
19 ☐☐ **query** [kwíəri] ❶	名 質問 ≡ question, inquiry

1 次の日本語の意味の単語を下の❶ ～ ⓰の中から選びなさい。

（1）十分な　　　　　　　　（　　　　　　　　　　　　　　）

（2）を承認する　　　　　　（　　　　　　　　　　　　　　）

（3）最初のうちは　　　　　（　　　　　　　　　　　　　　）

（4）名声　　　　　　　　　（　　　　　　　　　　　　　　）

（5）抵抗力のある　　　　　（　　　　　　　　　　　　　　）

（6）変更　　　　　　　　　（　　　　　　　　　　　　　　）

（7）矛盾する　　　　　　　（　　　　　　　　　　　　　　）

（8）外部の　　　　　　　　（　　　　　　　　　　　　　　）

（9）を解体する　　　　　　（　　　　　　　　　　　　　　）

（10）人工遺物　　　　　　　（　　　　　　　　　　　　　　）

（11）住宅地区の　　　　　　（　　　　　　　　　　　　　　）

（12）不動産　　　　　　　　（　　　　　　　　　　　　　　）

（13）お互いに　　　　　　　（　　　　　　　　　　　　　　）

（14）個人の　　　　　　　　（　　　　　　　　　　　　　　）

（15）外観　　　　　　　　　（　　　　　　　　　　　　　　）

（16）広々とした　　　　　　（　　　　　　　　　　　　　　）

---

❶ individual	❷ conflict	❸ artifact	❹ external
❺ demolish	❻ appearance	❼ initially	❽ residential
❾ reputation	❿ approve	⓫ modification	⓬ spacious
⓭ mutually	⓮ ample	⓯ property	⓰ resistant

2 次の単熟語の意味に最も近いものをそれぞれ ❶ ～ ❹ の中から１つ選びなさい。

(1) put off
- ❶ postpone
- ❷ guarantee
- ❸ consider
- ❹ absorb

(2) inn
- ❶ hallway
- ❷ infrastructure
- ❸ spot
- ❹ accommodation

(3) entertaining
- ❶ meaningful
- ❷ enjoyable
- ❸ aerial
- ❹ widespread

(4) resort
- ❶ retreat
- ❷ coverage
- ❸ term
- ❹ excursion

(5) lifelong
- ❶ ideal
- ❷ tidy
- ❸ lasting
- ❹ distant

(6) estimate
- ❶ compliance
- ❷ decision
- ❸ contract
- ❹ quote

(7) garbage
- ❶ wing
- ❷ structure
- ❸ disruption
- ❹ trash

(8) endeavor to *do*
- ❶ hesitate to *do*
- ❷ continue to *do*
- ❸ strive to *do*
- ❹ intend to *do*

(9) remarkably
- ❶ underneath
- ❷ lightly
- ❸ notably
- ❹ up close

(10) improve
- ❶ pick up
- ❷ rearrange
- ❸ clear
- ❹ undertake

(11) possession
- ❶ factor
- ❷ cubicle
- ❸ belonging
- ❹ documentation

(12) emphasize
- ❶ stress
- ❷ hesitate to do
- ❸ facilitate
- ❹ maintain

解答

1 （1）⑭ ample （→ p.137）　（2）⑩ approve （→ p.132）

（3）❼ initially （→ p.128）　（4）❾ reputation （→ p.137）

（5）⑯ resistant （→ p.125）　（6）⑪ modification （→ p.129）

（7）❷ conflict （→ p.116）　（8）❹ external （→ p.109）

（9）❺ demolish （→ p.112）　（10）❸ artifact （→ p.124）

（11）❽ residential （→ p.132）　（12）⑮ property （→ p.104）

（13）⑬ mutually （→ p.116）　（14）❶ individual （→ p.120）

（15）❻ appearance （→ p.108）　（16）⑫ spacious （→ p.112）

2 （1）❶ postpone （→ p.105）

（2）❹ accommodation （→ p.104）

（3）❷ enjoyable （→ p.112）

（4）❶ retreat （→ p.112）

（5）❸ lasting （→ p.113）

（6）❹ quote （→ p.136）

（7）❹ trash （→ p.121）

（8）❸ strive to *do* （→ p.104）

（9）❸ notably （→ p.104）

（10）❶ pick up （→ p.128）

（11）❸ belonging （→ p.117）

（12）❶ stress （→ p.125）

イベント・
コミュニティー

1 見本市への出店案内 ……………………………… 142

2 カンファレンスのプログラム案内 …………… 146

3 市の芸術祭 ……………………………………………… 150

4 有名作家のサイン会 ……………………………… 154

5 プレミア上映会への招待状 …………………… 158

6 福祉活動賞の受賞 ………………………………… 162

7 再生エネルギーの取り組み …………………… 166

8 市のゴミ廃棄ルール ……………………………… 170

9 歴史的地所の観光 ………………………………… 174

10 ガーデニングの講習会 …………………………… 178

11 通行止めの案内 …………………………………… 182

確認テスト …………………………………………… 186

◼1 見本市への出店案内 〔E メール〕

To: Katee Collins <kcollins@campstar.com>
From: Edward Lohan <elohan@arvc.com>
Subject: Limited Booth [1]**Availability** at the Upcoming RVC

Dear Ms. Collins,

A few weeks ago, we sent a [2]**flyer** for this year's annual [3]**Recreational** Vehicle [4]**Convention** to every company that has participated in the event in previous years. We received a 70% response rate and have almost [5]**fully** booked the event. Many leading brands have already [6]**reserved** their spots, and we anticipate that the [7]**remainder** will be taken today or tomorrow [8]**at the latest**.

Your [9]**survey** response from last year's convention in Colorado [10]**indicated** that you had a very [11]**successful** experience. [12]**Therefore**, I thought I would [13]**personally** encourage you to join us again from June 14 to June 16 at the Las Vegas Hyperflex [14]**Coference** Center.

As a returning [15]**exhibitor**, Campstar is eligible for a 15% discount. I have [16]**attached** the price list and the floor plan of the conference center showing the locations of the available booths.

We believe that the Las Vegas location, [17]**coinciding with** your headquarters, presents a fantastic opportunity for Campstar to confirm your corporate status in the [18]**minds** of attendees.

I hope to confirm your participation soon.

Best regards,

Edward Lohan
Conference Organizer, RVC

🇨🇦 (197 words)

受信者：Katee Collins <kcollins@campstar.com>
送信者：Edward Lohan <elohan@arvc.com>
件名：来たる RVC における ¹利用可能なブースは残りわずか

Collins さま

数週間前，本年度の年次 ³レクリエーション用車両 ⁴大会の ²チラシを，昨年までのこのイベントに参加してくださったすべての企業に送付しました。70％の返答率を受け，イベントはほぼ ⁵いっぱいとなりました。多くの一流ブランドがすでにブース ⁶を予約しており，⁸遅くとも今日か明日には ⁷残りが埋まる見込みです。

昨年コロラドで開催された大会の ⁹アンケート調査回答は，貴社が大きな ¹¹成功を収めたことを ¹⁰示しました。¹²そこで，6 月 14 日から 16 日までラスベガス Hyperflex ¹⁴会議場で開催されるこの大会に，¹³個人的にぜひ貴社に再びご参加いただきたく思います。

再 ¹⁵出展者として，Campstar は 15％の割引を受けることができます。価格表と空いているブースの位置を示した会議場の見取り図 ¹⁶を添付いたしました。

ラスベガスという立地は，貴社の本拠地 ¹⁷と重なり，参加者の ¹⁸心に御社の企業としての地位を確認するために Campstar にとっても素晴らしい機会であると確信しております。

近いうちに貴社の参加を確認できましたら幸いです。

よろしくお願いいたします。

Edward Lohan
RVC　会議主催者

見本市への出店案内

1 ☐☐ **availability** [əvèiləbíləti]	名 (予定の) 空き具合；利用可能性 形 available 入手可能な
2 ☐☐ **flyer** [fláɪər]	名 チラシ，ビラ 類 brochure
3 ☐☐ **recreational** [rèkriéɪʃənəl]	形 レクリエーションの，楽しみを得るための 名 recreation レクリエーション，娯楽 ● recreational vehicle はアウトドアなどのレジャー用に使われる車両
4 ☐☐ **convention** [kənvénʃən]	名 大会，集会；しきたり 類 conference
5 ☐☐ **fully** [fúli]	副 いっぱいに，完全に 形 full いっぱいの；十分の
6 ☐☐ **reserve** [rɪzə́:rv] ❶	動 を予約する 名 reservation 予約 類 book
7 ☐☐ **remainder** [rɪméɪndər]	名 (通例 the 〜) 残り，残りのもの [人] 類 (the) rest ● cf. remaining 残りの，残された
8 ☐☐ **at the latest**	遅くとも ⇔ at the earliest 早くとも
9 ☐☐ **survey** [sərvéɪ] ❶	名 アンケート調査 動 に調査を行う
10 ☐☐ **indicate** [índɪkèɪt]	動 を示す 〈that ... …ということ〉 名 indication しるし，兆候　類 show ● What is indicated about 〜? 「〜について何が示されているか」は Part 7 頻出
11 ☐☐ **successful** [səksésfəl]	形 成功した 〈in, at 〜に〉 ⇔ unsuccessful 失敗した

12 ☐☐ **therefore** [ðéərfɔ̀ːr] ❶	副 それゆえに，したがって 🔁 consequently, so
13 ☐☐ **personally** [pə́ːrsənəli]	副 自分としては；自分自身で 形 personal 個人の持つ；個人的な
14 ☐☐ **conference** [ká(ː)nfərəns]	名 会議；協議 🔁 convention
15 ☐☐ **exhibitor** [ɪgzíbəṭər]	名 出展者，出品者 動 名 exhibit に展示する；展示
16 ☐☐ **attach** [ətǽtʃ]	動 を添付する〈to ~に〉；を取り付ける〈to ~に〉 名 attachment 付属物 ● attach A to B「B に A を添付する・取り付ける」の表現で頻出
17 ☐☐ **coincide with ~**	~と重なる，~と同時に起こる 名 coincidence 偶然の一致
18 ☐☐ **mind** [maɪnd]	名 心，精神；知性 動 を気にする 形 mindful 注意して

2 カンファレンスのプログラム案内 ［ウェブページ］

TICTP—The International Conference on Tourism Promotion

On this page, you will find the most current program for The International Conference on Tourism Promotion. The conference is centered on the [1]**theme** "Exploring Hidden [2]**Gems**: [3]**Boosting** Tourism in Lesser-Known Regions." The morning speakers will discuss general topics relevant to all of our [4]**attendees**. The afternoon sessions are [5]**referred to as** Parallel Sessions, where attendees will be divided into groups to learn about more [6]**specific** topics. You can learn additional details about each theme and subtheme by clicking on the session title.

Morning Schedule:

9:00 A.M. Director General Laura Benson, TICTP: Opening [7]**remarks**

9:25 A.M. Mark Johnson: "[8]**Unveiling** the Unexplored: Marketing Strategies for Promoting Lesser-Known [9]**Destinations**"

9:55 A.M. Elena Rodriguez: "Eco-Tourism as a [10]**Catalyst** for [11]**Regional** Development"

10:35 A.M. David Kim: "Digital Marketing Techniques for [12]**Emerging** Tourist Spots"

11:15 A.M. Anika Patel: "Cultural Tourism: [13]**Preserving** [14]**Heritage** While Encouraging [15]**Exploration**"

11:55 A.M. Sarah Thompson: "[16]**Sustainable** [17]**Practices** in Tourism: A Global [18]**Perspective**"

The afternoon sessions will be held [19]**in parallel**, all commencing at 2:00 P.M. Please choose from among the following sessions.

Session 1 (Room 206): Natural Beauty and Wilderness
Session 2 (Room 212): [20]**Urban** Experiences
Session 3 (Room 107): Festivals and Events

🏴󠁧󠁢󠁥󠁮󠁧󠁿 (199 words)

TICTP—観光振興国際会議

このページでは，観光振興国際会議の最新プログラムをご覧いただけます。会議の中心に置かれる [1]テーマは「隠れた [2]宝石の探求：あまり知られていない地域の観光 [3]を盛り上げる」です。午前中の講演者はすべての [4]参加者に関連する一般的なトピックについて話します。午後のセッションは「並行セッション」[5]と呼ばれ，より [6]具体的なトピックについて学ぶため参加者はグループに分かれます。セッションのタイトルをクリックすると，各テーマの追加詳細とサブタイトルをご覧いただけます。

午前のスケジュール：

午前 9 時　　　　　TICTP 事務局長 Laura Benson: 開会の [7]辞

午前 9 時 25 分　Mark Johnson:「探検されていない地 [8]の秘密を解き明かす：あまり知られていない [9]旅行先を宣伝するためのマーケティング戦略」

午前 9 時 55 分　Elena Rodriguez:「[11]地域開発を [10]促進するものとしてのエコツーリズム」

午前 10 時 35 分　David Kim:「[12]新興観光地におけるデジタルマーケティング手法」

午前 11 時 15 分　Anika Patel:「文化観光：[15]探求を促しながら [14]文化的遺産 [13]を保護する」

午前 11 時 55 分　Sarah Thompson:「観光における [16]持続可能な [17]慣行：グローバルな [18]視点」

午後のセッションは [19]並行して行われ，すべて午後 2 時から始まります。以下のセッションからお選びください。

セッション 1（206 号室）: 自然の美と大自然

セッション 2（212 号室）: [20]都会に住む経験

セッション 3（107 号室）: 祭りとイベント

1 ⬜⬜ **theme** [θíːm]	名 テーマ，主題 〈for, in, of ～の〉
2 ⬜⬜ **gem** [dʒem] ❶	名 宝石；逸品；とても素晴らしい［貴重な，美しい］もの 🔳 jewel, jewelry
3 ⬜⬜ **boost** [buːst]	動 を後援する；を高める；を増やす 名 booster 活気づけるもの，押し上げるもの ● boost morale 士気を高める
4 ⬜⬜ **attendee** [ətèndíː]	名 参加者，出席者 動 attend に参加する 🔳 participant
5 ⬜⬜ **refer to *A* as *B***	A を B と呼ぶ
6 ⬜⬜ **specific** [spəsífɪk] ❶	形 具体的な 〈about ～について〉；特定の 〈to ～に〉，固有の 〈to ～に〉 動 specify を明記する　名 (通例 -s)specification 仕様(書)
7 ⬜⬜ **remark** [rɪmáːrk]	名 (通例 -s) 言葉，見解 ● closing remarks 閉会のあいさつ
8 ⬜⬜ **unveil** [ʌnvéɪl]	動 (秘密など) を明かす；の覆いをとる
9 ⬜⬜ **destination** [dèstɪnéɪʃən]	名 (旅行などの) 目的地；届け先
10 ⬜⬜ **catalyst** [kǽtəlɪst]	名 促進する働きをするもの；触発する人［もの］
11 ⬜⬜ **regional** [ríːdʒənəl]	形 地域の，地方の 名 region 地方，地域

12 ☐☐ **emerging** [ımɔ́ːrdʒɪŋ]	形 新興の 動 emerge 現れる ● emerging market 新興市場
13 ☐☐ **preserve** [prizɔ́ːrv] ❶	動 を保護する，を保存する 名 preservation 保護，保存 🖥 conserve
14 ☐☐ **heritage** [hérəṭɪdʒ] ❶	名 文化的遺産
15 ☐☐ **exploration** [èksplərˈɪʃən]	名 探求；探検 動 explore を探検する
16 ☐☐ **sustainable** [səstéɪnəbl]	形 持続可能な；環境に優しい 名 sustainability 持続可能性
17 ☐☐ **practice** [prǽktɪs]	名 慣例；実践；練習 動 を練習する；を実行する 形 practical 実践的な　副 practically ほとんど；現実的に
18 ☐☐ **perspective** [pərspéktɪv]	名 観点，見方〈on ～に関する〉 🖥 viewpoint ● -spect は「見る」を意味する語根
19 ☐☐ **in parallel**	並行して 🖥 simultaneously
20 ☐☐ **urban** [ɔ́ːrbən]	形 都会に住む；都会の ➡ rural 田舎の

3 市の芸術祭 Eメール

To: Goldbourne City Council Members   From: Alex Morgan
Subject: [1]**Proposal** for a Weeklong Arts Festival in Goldbourne

---

Dear Goldbourne City Council members,

My name is Alex Morgan. I am writing [2]**on behalf of** the Goldbourne Performing Arts [3]**Association** to [4]**respectfully** request that the Council hear our proposal regarding an [5]**initiative** close to our hearts.

Goldbourne, as you are aware, has limited events for the public to experience live artistic performances, particularly in theater. This [6]**scarcity** of opportunities is [7]**compelling** our young, [8]**talented** performers **to** seek education and work elsewhere. This not only [9]**deprives** our community **of** talent but also [10]**hinders** the growth of a potentially [11]**lucrative** entertainment [12]**sector** in Goldbourne.

To address this [13]**concerning** issue, we propose a weeklong arts festival during the summer holidays, [14]**targeting** a time when maximum participation from the city's youth is possible. This festival would cover various art forms including music, theater, and dance, and would be hosted at [15]**diverse** [16]**venues** across the city center. The idea is to initially invite [17]**renowned** performers from other cities and international acts to draw attention and generate interest. Over time, the festival can [18]**evolve** to showcase more local talent. Overall, such a festival will [19]**enrich** our cultural [20]**landscape**, enhance Goldbourne's image, and provide long-term benefits.

We look forward to the opportunity to discuss this proposal.

Sincerely,
Alex Morgan

🇺🇸 (220 words)

受信者：ゴールドボーン市議会議員の皆さま　送信者：Alex Morgan
件名：ゴールドボーンにおける1週間の芸術祭に関する[1]提案

ゴールドボーン市議会議員の皆さま

Alex Morgan と申します。[4]謹んでお願い申し上げますが，私どもの大事な[5]新構想に関する提案を聞いていただきたく，ゴールドボーン舞台芸術[3]協会[2]を代表し，このメールを書いております。

ご承知の通り，ゴールドボーンでは，市民の皆さんが特に劇場で生の芸術パフォーマンスを体験できるイベントが限られています。このような機会の[6]不足が，[8]才能ある若いパフォーマーたちに，どこか他の場所で教育や仕事を求め[7]ることを強いています。これは，我々の地域社会から才能[9]を奪うだけでなく，ゴールドボーンの潜在的に[11]利益をもたらすエンターテインメント[12]分野の成長[10]を阻害してもいます。

この[13]厄介な問題に対処するため，我々は市内の青少年が最大限参加できる時期[14]を狙って，夏休みに1週間にわたる芸術祭を開催することを提案します。この祭りは，音楽，演劇，舞踊などを含むいろいろな芸術形式を網羅し，市の中心部の[15]多様な[16]会場で開催される予定です。この考えは当初，他都市や海外から[17]有名なパフォーマーを招待し，注目を集め，興味を喚起するためのものでした。時間が経つにつれて，この祭りは地元の才能をより多く紹介できるように[18]発展していくことができます。全体として，このような祭りは，我々の文化的[20]景観[19]を豊かにし，ゴールドボーンのイメージを高め，長期的な利益をもたらすことでしょう。

この提案について話し合う機会を楽しみにしています。

敬具
Alex Morgan

1 ☐☐ **proposal** [prəpóuzəl]	名 提案；申し出 動 propose を提案する
2 ☐☐ **on behalf of ～**	～を代表して
3 ☐☐ **association** [əsòusiéɪʃən]	名 協会，組合 ≒ society
4 ☐☐ **respectfully** [rɪspéktfəli]	副 謹んで 名 動 respect 尊敬；を尊敬する
5 ☐☐ **initiative** [ɪníʃɪətɪv]	名 新構想，新規計画〈for ～のための〉；(通例 the ～) 主導権 形 初めの
6 ☐☐ **scarcity** [skéərsəti]	名 不足，欠乏〈of, in ～の〉 形 scarce 不足で，欠乏して　副 scarcely ほとんど～ない ≒ shortage, lack
7 ☐☐ **compel _A_ to _do_**	A に無理やり～させる ≒ force _A_ to _do_
8 ☐☐ **talented** [tǽləntɪd]	形 才能ある，有能な 名 talent 才能
9 ☐☐ **deprive _A_ of _B_**	A から B を奪う ≒ rob _A_ of _B_
10 ☐☐ **hinder** [híndər]	動 を妨げる ● hinder _A_ from _doing_ A が～するのを妨げる
11 ☐☐ **lucrative** [lú:krətɪv]	形 利益をもたらす，もうかる ≒ profitable ● lucrative business 利益が上がる事業

12 ☐☐ **sector** [séktər]	名 分野，部門〈of ～の〉 ● cf. section は企業などの中の小さな部門を指す
13 ☐☐ **concerning** [kənsə́:rnɪŋ]	形 厄介な ≒ bothersome
14 ☐☐ **target** [tá:rɡət]	動 を目標に定める 名 的，達成目標
15 ☐☐ **diverse** [dəvə́:rs]	形 多様な，種々の 名 diversity 多様性
16 ☐☐ **venue** [vénjuː]	名 会場，開催地
17 ☐☐ **renowned** [rɪnáʊnd]	形 有名な ≒ famous, noted, celebrated
18 ☐☐ **evolve** [ɪvá(ː)lv]	動 進化する，を進化させる
19 ☐☐ **enrich** [ɪnrítʃ]	動 を豊かにする 名 enrichment 豊かにすること，豊かにするもの ● enrich A with B A を B で豊かにする
20 ☐☐ **landscape** [lǽndskèɪp]	名 景観，風景 ≒ scenery

4 有名作家のサイン会 　説明

Good afternoon, **¹valued** patrons! We **²are thrilled to** announce a special event happening right here in the store. Today, at one o'clock, we'll be **³hosting** the world-famous **⁴author**, Harold Nolan. Mr. Nolan is currently visiting Australia as a part of his world tour to promote his latest book, *Wilhelm* **⁵*Journey***. It is a non-fiction **⁶account** detailing his **⁷remarkable** adventure hiking across Papua New Guinea.

For those of you who **⁸admire** Harold Nolan's work, this is a unique opportunity to meet him **⁹in person**. We are **¹⁰fortunate** enough to have a substantial stock of his new book. However, due to the high **¹¹demand**, these copies are **¹²expected to** **¹³sell out** quickly.

Mr. Nolan has **¹⁴generously** agreed to **¹⁵autograph** 100 copies of his book. We strongly recommend that you register **¹⁶in advance** to get your copy signed. **¹⁷As of** now, we only have about 20 spots remaining for this exclusive offer.

We also have available copies of Mr. Nolan's previous international bestseller, *Nauru Now*, which captures his sailing journey around Oceania. As a special offer for today, they are available at a 20% discount.

Don't miss this rare chance to **¹⁸interact with** a **¹⁹celebrated** author and get a signed copy of his work. We look forward to seeing you at the event. Thank you for shopping with us!

🇨🇦 (216 words)

¹大切なお客さま，こんにちは！ 我々は，まさにこの店内で開催される特別なイベントをお知らせ²することにわくわくしています。本日1時から，世界的に有名な⁴作家，Harold Nolan ³をお迎えします。Nolan 氏は現在，最新刊『ウィルヘルムを⁵旅して』を宣伝するためのワールドツアーの一環としてオーストラリアを訪れています。この本は，パプアニューギニアをハイキングして横断した彼の⁷驚くべき冒険を詳述した，ノンフィクションの⁶報告話です。

Harold Nolan の作品⁸を高く評価する皆さんにとって，これは彼に⁹直接会えるまたとない機会です。¹⁰幸運なことに，我々は彼の新著の在庫を十分に持っています。しかし，¹¹需要が高いため，これらの部数は早期に¹³完売¹²する見込みです。

Nolan 氏は¹⁴寛大にも 100 部の本¹⁵にサインすることに同意してくださいました。サインをご希望の方は，¹⁶事前にお申し込みいただくことを強くお勧めします。今の¹⁷時点で，この限定特典の残り枠は 20 ほどとなっております。

また，Nolan 氏の以前の世界的ベストセラーで，オセアニア一周の船旅を収めた『ナウルの今』もご用意しております。本日の特典として，20％引きでお求めいただけます。

¹⁹著名な作家¹⁸と交流し，サイン入り作品を手に入れる貴重なチャンスをお見逃しなく。皆さまのご来場をお待ちしております。当店でお買いものいただきありがとうございます！

有名作家のサイン会

1 ☐☐ **valued** [vǽljuːd]	**形** 大切な，貴重な **名** value 価値，価格
2 ☐☐ **be thrilled to** *do*	〜することにわくわくしている **同** be excited to *do*
3 ☐☐ **host** [houst] ❶	**動** をもてなす；を司会する **名** 主人；主催者 **⇄** guest 客
4 ☐☐ **author** [ɔ́ːθər] ❶	**名** 作家，著者 **同** writer
5 ☐☐ **journey** [dʒə́ːrni]	**名** 旅 **同** trip, travel
6 ☐☐ **account** [əkáunt]	**名** 報告話，説明したもの；口座 **動** 占める〈for 〜を〉，を説明する〈for 〜を〉 **形** accountable 説明責任がある，責任を負うべき
7 ☐☐ **remarkable** [rimáːrkəbl]	**形** 驚くべき **同** extraordinary
8 ☐☐ **admire** [ədmáiər]	**動** を高く評価する；を称賛する **同** appreciate
9 ☐☐ **in person**	直接 **同** face to face ● meet in person 直接会う
10 ☐☐ **fortunate** [fɔ́ːrtʃənət] ❶	**形** 幸運な，運の良い **副** fortunately 幸運なことに **⇄** unfortunate 不運な
11 ☐☐ **demand** [dimǽnd]	**名** 需要；要求 **動** を要求する **形** demanding きつい　**⇄** supply 供給

12 ☐☐ **expect to *do***	〜することを見込む
13 ☐☐ **sell out**	売り切れる
14 ☐☐ **generously** [dʒénərəsli]	副 寛大にも，気前良く 形 generous 寛大な
15 ☐☐ **autograph** [ɔ́ːtəgræf]	動 にサインする 名 （有名人の）サイン ● 書類への署名は signature を用いる
16 ☐☐ **in advance**	事前に 🔄 beforehand ● well in advance 十分前もって
17 ☐☐ **as of 〜**	〜時点で
18 ☐☐ **interact with 〜**	〜と交流する ● inter- は「〜間の」を意味する接頭辞
19 ☐☐ **celebrated** [séləbrèɪtɪd]	形 著名な 名 celebration 祝賀 🔄 famous, renowned, noted, prominent

5 プレミア上映会への招待状 Eメール

To: Paul Eastern
From: Valentino Productions
Subject: Invitation: [1]**Premiere** of Byron Bay Waves

Dear Mr. Eastern,

[2]**You are cordially invited to** attend the premiere of our latest film, *Byron Bay Waves*, an in-depth exploration of the surfing culture in Byron Bay. This special event is scheduled for March 2, with the [3]**screening** commencing at 6:30 P.M. Doors will open at 5:30 P.M.

Your support has been invaluable to our project, and we [4]**are eager to** share the first public viewing with you. The evening [5]**adheres to** a smart casual [6]**dress code**, blending [7]**comfort** with a touch of elegance. This premiere is also a chance to generate significant [8]**publicity**. *Byron Bay Waves* has been submitted for the [9]**prestigious** Radiant Film Awards, and [10]**anticipation** is high among the cast and crew.

We are also hosting a dinner party after the screening, [11]**courtesy** of our director. Film [12]**critics** from major national newspapers have also been invited, so this is a wonderful opportunity for you to help us promote the film and engage with many other [13]**prominent** [14]**investors** and film [15]**enthusiasts** from across the globe.

Please [16]**reply** to this e-mail to confirm your [17]**attendance** and to indicate whether or not we will see you at the dinner party [18]**afterward**. We will [19]**issue** tickets for you and one guest.

Warm regards,

Viv Murray
Valentino Productions

(220 words)

受信者：Paul Eastern
送信者：Valentino プロダクション
件名：ご招待：バイロン湾の波 ¹プレミア上映

Eastern さま

バイロン湾のサーフィン文化を深く掘り下げた弊社の最新作『バイロン湾の波』のプレミア上映会に，²謹んでご招待申し上げます。この特別イベントは3月2日に予定されており，³上映開始は午後6時30分，開場は午後5時30分です。

あなたのご支援は，私たちのプロジェクトにとってかけがえのないものであり，最初の一般公開を共に分かち合い⁴たいと思っています。上映会が行われる夜はスマートカジュアルの⁶ドレスコード⁵に従い，⁷快適さとほんの少しの優雅さを融合させます。この上映会は，大きな⁸注目を生み出すチャンスでもあります。『バイロン湾の波』は⁹権威ある Radiant 映画賞に出品され，出演者とスタッフの間で¹⁰期待が高まっています。

監督の¹¹ご好意で，上映後にはディナーパーティーも開催されます。主要全国紙の映画¹²批評家も招待されていますので，映画の宣伝にご協力いただき，世界中の多くの¹³著名な¹⁴投資家や映画¹⁵愛好家と交流できる素晴らしい機会です。

このEメールに¹⁶ご返信いただき，¹⁷ご出席の確認と，¹⁸その後のディナーパーティーに出席されるか否かをお知らせください。あなたとお連れさま1名分のチケット¹⁹を発行いたします。

よろしくお願いいたします。

Viv Murray
Valentino プロダクション

「従う」系の動詞は多数
規則やルール，法令など「～に従う」という意味の表現は多数出題されます。文中の adhere to ～ 以外にも，follow, observe, obey, comply with ～, abide by ～, conform to ～ などがあります。いずれも頻出表現なので，すべてマスターしましょう。

1 □□ **premiere** [prɪmíər]	名 プレミア上映 動 映画が初演する 形 初日の；主要な
2 □□ **You are cordially invited to *do***	あなたが～するよう謹んでご招待申し上げます ● Part 6・7 の招待状で頻出の表現
3 □□ **screening** [skríːnɪŋ]	名 上映；検査；ふるいにかけること ≒ showing
4 □□ **be eager to *do***	～することを熱望している ≒ be anxious to *do*, be keen to *do*
5 □□ **adhere to ～**	～に従う；～に付着する
6 □□ **dress code**	ドレスコード，服装規定 ● formal wear（正装）や uniform（制服）など，場面に応じた服装が求められる
7 □□ **comfort** [kʌ́mfərt] ❶	名 快適さ，心地良さ；慰め 形 comfortable 快適な　副 comfortably 快適に
8 □□ **publicity** [pʌblísəţi]	名 注目，周知；宣伝 形 public 公の
9 □□ **prestigious** [prestíːdʒəs] ❶	形 権威のある；有名な ● prestigious award 権威ある賞
10 □□ **anticipation** [æntìsɪpéɪʃən]	名 期待，予期 動 anticipate を予期する
11 □□ **courtesy** [kə́ːrţəsi]	名 好意ある行い；礼儀正しさ 形 courteous 礼儀正しい，丁重な ● have the courtesy to *do* ～する礼儀をわきまえている

12 □□ **critic** [krítɪk]	名 批評家，評論家 動 criticize を批評する
13 □□ **prominent** [prá(:)mɪnənt]	形 著名な；目立った = celebrated, famous, renowned, noted
14 □□ **investor** [ɪnvéstər]	名 投資家 動 invest に投資する　名 investment 投資
15 □□ **enthusiast** [ɪnθjúːziæst]	名 ファン，熱中している人 形 enthusiastic 熱狂的な = fan
16 □□ **reply** [rɪpláɪ] ❶	動 返事をする；応じる〈to ～に〉 名 返事，答え〈to ～への, from ～からの〉
17 □□ **attendance** [əténdəns]	名 出席；出席回数 = presence ⇔ absence 欠席
18 □□ **afterward** [æftərwərd]	副 その後で ⇔ beforehand 前もって
19 □□ **issue** [íʃuː]	動 を発行する 名 問題；号

6 福祉活動賞の受賞 記事

Eaglewood, June 7– **¹In recognition of** corporate social responsibility, Fresta, a local **²beverage** manufacturer in Eaglewood, has **³been honored for** its extensive **⁴contributions** to the local education sector and **⁵healthcare** **⁶facilities** with the Eaglewood Community **⁷Outreach** Award. This **⁸acknowledgment** comes as a result of the company's contributions to the local community.

Significantly, the company has provided money to the science departments of several Eaglewood schools. These **⁹funds** have facilitated the purchase of new **¹⁰laboratory** equipment and resources, thereby **¹¹fostering** our future scientists. Additionally, the company has **¹²established** a **¹³scholarship** program, supporting **¹⁴numerous** promising **¹⁵recipients** to **¹⁶pursue** higher education.

In the healthcare field, the company has played an important role by **¹⁷subsidizing** a major local hospital, thereby improving healthcare services for the Eaglewood community.

The award was a result of an online **¹⁸nomination** process **¹⁹initiated** on surveyyou.com. Interestingly, Fresta's CEO only became aware of the award yesterday. **²⁰Expressing** his sentiments, he commented, "I'm truly honored. Frankly, I didn't think our efforts were being noticed."

Looking forward, the company has announced plans to construct a sports center next year, which it plans to share with the local community, further **²¹demonstrating** its commitment to Eaglewood's development.

🇨🇦 (193 words)

イーグルウッド，6月7日―企業の社会的責任[1]の功績として，イーグルウッドの地元[2]飲料製造業者である Fresta は，地元の教育部門と[5]医療[6]施設に対する広範な[4]貢献[3]で表彰され，イーグルウッドコミュニティー[7]福祉活動賞を受賞した。この[8]感謝のしるしは，同社の地域社会への貢献の結果である。

重要なことに，同社は，イーグルウッドの複数の学校の科学部門に資金を提供してきた。これらの[9]資金により，新しい[10]実験室用器具や資源の購入が容易になり，その結果将来の科学者の[11]育成につながった。さらに，同社は[13]奨学金制度[12]を設け，この地域の[14]数多くの有望な[15]奨学生がより高度な教育[16]を追い求めることを支援してきた。

医療分野では，同社は地元の主要な病院[17]に助成金を出すことで重要な役割を果たしており，それによってイーグルウッドコミュニティーの医療サービスを向上させている。

今回の受賞は，surveyyou.com [19]で開始されたオンライン[18]推薦プロセスの結果である。興味深いことに，Fresta の CEO がこの受賞を知ったのはつい昨日のことだった。自身の感想[20]を述べるにあたり，彼は「本当に光栄です。正直なところ，私たちの努力が注目されているとは思っていませんでした」とコメントした。

今後については，同社は来年スポーツセンターを建設する計画を発表しており，それを地元コミュニティーと共有する予定だ。これはさらにイーグルウッドの発展に対する同社の献身[21]を示している。

分詞構文の意味を決める副詞
第2段落2文目の thereby fostering our future scientists, 第3段落1文目の thereby improving healthcare services は，いずれも分詞構文です。分詞構文の意味は時，原因，理由，条件，結果など多岐にわたります。しっかり意味を決めるために，ここでは結果を表す thereby「それによって」が分詞の前に置かれています。

福祉活動賞の受賞

1 ☐☐ **in recognition of ～**	（功績・貢献など）を認めて
2 ☐☐ **beverage** [bévərɪdʒ] ❶	名 飲料 ≡ drink
3 ☐☐ **be honored for ～**	～で表彰される
4 ☐☐ **contribution** [kà(:)ntrɪbjúːʃən]	名 貢献；寄付 動 contribute 貢献する；を寄付する
5 ☐☐ **healthcare** [helθkeər]	名 医療，健康管理
6 ☐☐ **facility** [fəsíləṭi]	名 施設；たやすさ 動 facilitate を容易にする ≡ institution
7 ☐☐ **outreach** [aʊtriːtʃ]	名 福祉活動，奉仕活動 形 出先機関の；福祉活動の
8 ☐☐ **acknowledgment** [əkná(:)lɪdʒmənt] ❶	名 感謝のしるし；承認，認識 動 acknowledge を認める
9 ☐☐ **fund** [fʌnd]	名 基金，資金〈for ～のための〉；(通例 -s) 財源 動 に資金を提供する 名 funding 資金；資金提供
10 ☐☐ **laboratory** [lǽbərətɔ̀:ri] ❶	名 実験室，研究室
11 ☐☐ **foster** [fá(:)stər]	動 を育成する，を促進する ≡ develop ⇔ suppress を抑圧する

12 ☐☐ **establish** [ɪstǽblɪʃ] ❶	動 を設ける；を設立する 名 establishment 施設；設立 形 established 確立された
13 ☐☐ **scholarship** [skɑ́(:)lərʃɪp] ❶	名 奨学金〈to, for ～への，to do ～するための〉；学問
14 ☐☐ **numerous** [njúːmərəs]	形 数多くの 🟰 many, countless
15 ☐☐ **recipient** [rɪsípiənt]	名 受取人，受領者〈of ～の〉 🟰 receiver ⇄ sender 発送人，発信人 ● -ent は「人」を表す接尾辞
16 ☐☐ **pursue** [pərsjúː] ❶	動 を追求する；に従事する 名 pursuit 追求 🟰 chase
17 ☐☐ **subsidize** [sʌ́bsɪdàɪz]	動 （企業や活動）に（政府や組織が）助成金を与える 名 subsidy 補助金，助成金 🟰 fund, finance
18 ☐☐ **nomination** [nɑ̀(:)mɪnéɪʃən]	名 推薦，候補として指名されること；候補者，候補作品 動 nominate を候補として指名する
19 ☐☐ **initiate** [ɪníʃièɪt] ❶	動 （事業や計画）を始める 名 initiation 開始；加入 🟰 start, commence ● initiate a new plan 新しい計画を始める
20 ☐☐ **express** [ɪksprés]	動 を表現する 名 急行便；速達（便） 名 expression 表現；言い回し
21 ☐☐ **demonstrate** [démənstrèɪt] ❶	動 を明確に示す，を証明する 名 demonstration 証明；（商品などの）実演

7 再生エネルギーの取り組み 会話

M: Hi, Kate. Have you heard the news about the new wind farm?*

W: I'm afraid not. What's that?

M: It's important news for Carleton ¹**residents**. The government has recently approved the construction of a new wind farm along our ²**scenic** ³**coastal** road. ⁴**Despite** some local ⁵**opposition**, the project is set to ⁶**commence** in May next year.

W: That's interesting.

M: The wind farm is expected to ⁷**play a** crucial **role in** Carleton's energy future. It's ⁸**projected** to generate approximately 20% of our power needs. This is an important contribution, especially considering the increasing number of businesses and homes in the city.

W: True. ⁹**Renewable** energy sources like this wind farm are becoming necessary for sustainable growth. However, I'm also concerned about potential negative impacts.

M: Some locals have ¹⁰**raised** concerns about the visual impact of the wind turbines.* It's a valid concern in an area which ¹¹**is known for** its natural beauty. ¹²**Ultimately**, the authorities decided that the transition to renewable energy sources would require some ¹³**sacrifices**.

W: It's a ¹⁴**tough** balance. Are there any specifics on the construction side of things?

M: On the construction side, the wind turbines are being ¹⁵**supplied** by a local company called Pure Energy Solutions. The company is a major local employer, and the plan is sure to bring us some economic ¹⁶**benefits** ¹⁷**in addition to** the environmental ¹⁸**payoffs**.

M: 🏴 W: 🇬🇧 (217 words)

---

* wind farm ウィンドファーム，風力発電所　wind turbine 風力タービン

M：ねえ，Kate。新しい風力発電所のニュースを聞いた？

W：残念ながら聞いていないわ。何のこと？

M：カールトンの¹住民にとって重要なニュースだよ。政府は最近，²景色の良い³沿岸の道路沿いに，新しい風力発電所の建設を承認したんだ。地元の⁵反対⁴にも関わらず，来年5月にプロジェクト⁶が開始される予定なんだ。

W：興味深い話ね。

M：この風力発電所は，カールトンのエネルギーの将来⁷において重要な役割を果たすと期待されているんだ。僕たちが必要とする電力の約20%を発電する⁸との予測がある。特に市内の企業や家庭の数が増えていることを考えると，これは重要な貢献だよね。

W：その通りね。この風力発電所のような⁹再生可能エネルギーは，持続可能な成長のために必要になってきているわ。でも，私は潜在的な悪影響も心配だな。

M：風力タービンの視覚的な影響への懸念¹⁰を表明する地元民の声もあるね。自然の美しさ¹¹で知られるこの地域では，妥当な懸念だけど。¹²最終的に，当局は再生可能エネルギーへの移行にはある程度の¹³犠牲が必要だと判断したんだ。

W：¹⁴難しいバランスよね。建設面で何か詳細はある？

M：建設面では，風力タービンは地元の Pure Energy Solutions という会社によって¹⁵供給される。同社は地元の主要な雇用主であり，この計画は環境面での¹⁸見返り¹⁷に加えて経済的な¹⁶利益も僕たちにもたらしてくれるはずだよ。

再生エネルギーの取り組み

1 ☐☐ **resident** [rézɪdənt]	**名** 住民；宿泊客 **形** 住んでいる **名** residence 邸宅；居住　**形** residential 住宅向きの；居住の
2 ☐☐ **scenic** [síːnɪk]	**形** 景色の良い；背景の **名** scenery 風景，景色 **副** scenically 風景に関して
3 ☐☐ **coastal** [kóʊstəl]	**形** 沿岸の **同** seaside
4 ☐☐ **despite** [dɪspáɪt]	**前** 〜にも関わらず **同** in spite of 〜 ● Part 5・6 で問われる頻出の前置詞
5 ☐☐ **opposition** [à(ː)pəzíʃən]	**名** 反対，抵抗，抗議 **動** oppose に反対する
6 ☐☐ **commence** [kəméns]	**動** を開始する；始める **名** commencement 始まり
7 ☐☐ **play a role in 〜**	〜において役割を果たす
8 ☐☐ **project** [prədʒékt] ❶	**動** を見積もる；を投影する；を与える **名** 計画；プロジェクト
9 ☐☐ **renewable** [rɪnjúːəbl]	**形** 再生できる；更新できる **名** （通例 -s）再生可能エネルギー **動** renew を再開する；を更新する
10 ☐☐ **raise** [reɪz] ❶	**動** （質問・要求など）を出す；を上げる；を高める ● raise an issue 問題提起する
11 ☐☐ **be known for 〜**	〜で知られている ● cf. be known as 〜 〜として知られている

12 ☐☐ **ultimately** [ʌ́ltɪmətli]	副 最終的に，最後には；根本的に 形 ultimate 究極の；最終の；最高の
13 ☐☐ **sacrifice** [sǽkrɪfàɪs] ❶	名 犠牲 動 を犠牲にする
14 ☐☐ **tough** [tʌf] ❶	形 難しい，骨の折れる 🟰 hard 🔁 soft 楽な，手ぬるい
15 ☐☐ **supply** [səplʌ́ɪ] ❶	動 を供給する 名 供給量，支給物；(通例 -s) 必需品 名 supplier 供給者
16 ☐☐ **benefit** [bénɪfɪt]	名 利益，恩恵；(通例 -s) 給与金 動 に利益を与える，のためになる
17 ☐☐ **in addition to ～**	～に加えて 🟰 along with ～
18 ☐☐ **payoff** [péɪɔ̀(ː)f]	名 報酬，報奨 🟰 payment, reward

イベント・コミュニティー

8 市のゴミ廃棄ルール 通知

Notice: Local Garbage Processing Facility [1]Guidelines

The Nelson City Garbage Processing Facility is now open to residents for the disposal of large garbage. To ensure efficient and safe disposal, we kindly ask you to adhere to the following guidelines:

Reservation Required: It is [2]**mandatory** to make a reservation to help us manage the flow and maintain smooth [3]**operations**.

[4]**Acceptable** **Garbage Types**: Our facility is equipped to process various household garbage items and [5]**tools**. Please [6]**note** that we do not accept any [7]**waste** generated from industrial activities.

[8]**Proof** **of Residency**: To use this facility, you must [9]**present** a driver's [10]**license** or any other government-issued [11]**photo identification** that includes a Nelson address.

Vehicle [12]**Restrictions**: We accept garbage that can be [13]**transported** in passenger vehicles only. Visitors are [14]**prohibited from** using large vehicles to deliver garbage.

Operating Hours: The facility is open for garbage delivery from 10:00 A.M. to 4:00 P.M. We encourage you to plan [15]**accordingly**.

This service is provided [16]**free of charge** [17]**for your convenience**. Please be sure to follow the guidelines carefully so that we can maintain a clean and healthy [18]**environment**.

Thank you,

Nelson City Garbage Processing Facility Management

(190 words)

お知らせ：地域ゴミ処理施設 [1] ガイドライン

ネルソン市ゴミ処理施設は，粗大ゴミの処理のため，住民の皆さんに開放されました。効率的かつ安全な処理を確実に行うため，以下のガイドラインを遵守していただきますよう謹んでお願い申し上げます：

予約の必要：流れを理解し，円滑な [3] 運営を続けるために，予約することが [2] 必須です。

[4] 受け入れ可能なゴミの種類：当施設では，家庭ゴミや [5] 用具などを処理する設備が整っています。建設現場やそれに類する産業活動から発生するいかなる [7] ゴミも受け付けておりませんので [6] お気をつけください。

居住 [8] 証明：この施設を利用するには，運転 [10] 免許証など，ネルソンの住所が記載された政府発行の [11] 写真付き身分証明書 [9] をご提示ください。

車両 [12] 制限：ゴミは乗用車で [13] 運ぶことができるもののみに限ります。来訪者による大型車でのゴミの搬入 [14] は禁止されています。

営業時間：施設が開放されてゴミの搬入ができるのは午前 10 時から午後 4 時までとなっております。[15] それに応じてご対応をお願いします。

このサービスは [17] 皆さまの便宜のために提供されており，[16] 無料です。清潔で健康的な [18] 環境を維持できるよう，ガイドラインを注意深くお守りください。

よろしくお願いします。

ネルソン市ゴミ処理施設管理者

---

proof が証明するもの

proof of residency は「居住証明」ですが，proof には他にも，proof of purchase「購入証明（＝領収証）」，proof of delivery「配達証明」，proof of earnings「所得証明」などの表現があります。

市のゴミ廃棄ルール

1 ☐☐ **guideline** [gáɪdlàɪn]	**名** (通例 -s) ガイドライン，指針
2 ☐☐ **mandatory** [mǽndətɔ̀:ri]	**形** 必須の，義務的な **類** compulsory **反** voluntary, optional 任意の
3 ☐☐ **operation** [ɑ̀(:)pəréɪʃən]	**名** 活動；手術；事業；企業 **動** operate を操作する；を経営する **形** operational 運転できる；運営上の
4 ☐☐ **acceptable** [əkséptəbl]	**形** 受け入れ可能な；認められる；まずまずの **動** accept を受け入れる **反** unacceptable 容認できない
5 ☐☐ **tool** [tu:l] ❶	**名** 道具；手段 **類** implement
6 ☐☐ **note** [noʊt]	**動** に注意を払う **名** メモ；注釈 ● cf. memo は「覚書，（社内などの）回覧」の意味
7 ☐☐ **waste** [weɪst]	**名** ゴミ；浪費　**形** 荒れ果てた；廃物の **動** を浪費する；消耗する **形** wasted 無駄な　● industrial waste 産業廃棄物
8 ☐☐ **proof** [pru:f]	**名** 証明；証拠 〈of ～の〉 **類** certification
9 ☐☐ **present** [prɪzént] ❶	**動** を提示する；を贈呈する **名** 贈りもの **形** 現在の；出席している 〈at ～に〉
10 ☐☐ **license** [láɪsəns]	**名** 免許証，許可証 **名** licenser 認可者，免許を付与した人
11 ☐☐ **photo identification**	写真付きの身分証明書 ● photo ID と呼ぶことも

12 ☐☐ **restriction** [rɪstríkʃən]	**名** 制限；規制 **動** restrict を制限する　**形** restricted 制限された
13 ☐☐ **transport** [trænspɔ́ːrt] ❶	**動** を輸送する **名** transportation 輸送機関 **形** transportable 輸送可能な
14 ☐☐ **prohibit _A_ from _doing_**	A が～するのを禁止する **≡** forbid _A_ to _do_ **⟷** allow _A_ to _do_ A が～することを許可する
15 ☐☐ **accordingly** [əkɔ́ːrdɪŋli]	**副** それに応じて **≡** correspondingly
16 ☐☐ **free of charge**	無料で **≡** free, complimentary ● Part 3・4 の本文や選択肢で頻出
17 ☐☐ **for your convenience**	あなたの便宜を図って，都合の良いように
18 ☐☐ **environment** [ɪnváɪərənmənt] ❶	**名** 環境 **形** environmental 環境の **副** environmentally 環境的に

9 歴史的地所の観光 説明

Good morning, everyone! Welcome to Barkworth Castle. First, I'd like to share some important information about our visit today. While Barkworth Castle is in ¹**ruins**, it holds significant historical value. To help you ²**explore** this ³**fascinating** site, a very ⁴**knowledgeable** local volunteer will lead a free guided tour. This tour will start at 11:00 A.M., right from the front steps of the castle. If you're interested, I highly recommend it as a way to learn more about the castle's rich history.

You have about 20 minutes before the tour begins, so this might be a good time to visit the bathroom if necessary. You can also check out the castle ⁵**amenities**. The gift shop is open and offers ⁶**a wide range of** ⁷**souvenirs** and books about the castle's history. ⁸**Feel free to** take a look while you wait.

For those who prefer to explore ⁹**independently**, you are welcome to walk around the grounds freely. The site is quite ¹⁰**expansive** and offers breathtaking views. We have a lunch reservation at Barkworth Castle Restaurant for 12:30 P.M. This wonderful restaurant has recently been ¹¹**integrated** among the castle ruins. The menu offers a choice of Atlantic salmon, chicken, or steak. Please let me know your ¹²**preference** now, so I can inform the kitchen and ¹³**reduce** our waiting time.

Finally, after our time at the castle, we'll be heading to Loch Craigie. This lake is famous for its appearance in the popular film *Turkey Day* and ¹⁴**promises to** be a scenic ¹⁵**treat**.

🏴󠁧󠁢󠁥󠁮󠁧󠁿 (248 words)

皆さん，おはようございます！ Barkworth 城へようこそ。まず，今日の訪問について いくつかの重要な情報をお伝えしたいと思います。Barkworth 城は ¹廃墟ではありますが，重要な歴史的価値があります。この ³魅力的な場所 ²探索することをお手伝いするために，非常に ⁴知識豊富な地元のボランティアが無料のガイドツアーをご案内します。このツアーは午前 11 時に，城のちょうど正面の階段からスタートします。興味のある方は，この城の豊かな歴史についてもっと知る方法として，参加されることを強くお勧めします。

ツアーが始まるまで20分ほど時間があるので，必要であればお手洗いに行くお時間にしていただければと思います。また，城の ⁵施設をご覧いただくこともできます。ギフトショップは開いており，城の歴史に関する ⁶さまざまな ⁷お土産や書籍がそろっています。待ち時間に ⁸気軽に覗いてみてください。

⁹個人で散策されたい方は，自由に敷地内を散策できます。敷地はかなり ¹⁰広大で，息をのむような景色をお楽しみいただけます。Barkworth 城レストランで午後 12 時 30 分に昼食の予約をしています。この素晴らしいレストランは最近，城跡の中 ¹¹に組み込まれました。メニューはアトランティックサーモン，チキン，またはステーキから選ぶことができます。今すぐ ¹²ご希望をお知らせください。そうすることで，厨房に連絡して待ち時間 ¹³を短縮することができます。

最後に，城で過ごした後は Craigie 湖に向かいます。この湖は，人気映画『七面鳥の日』に登場することで有名で，美しい景色の ¹⁵楽しみ ¹⁴を約束してくれます。

---

1 人か？チームか？

independently「個人で，1 人で」の対極の表現として，collaboratively もしくは on a team が TOEIC では頻出します。例えば those who can work on a team or independently と言えば，「チームとして働くこともできるし，1 人でも働くことができる人」という意味になります。この表現は採用者への職務内容の説明でよく登場します。

1 ▢▢ **ruin** [rúːɪn] ❶	名 (通例 -s) 廃墟，遺跡；荒廃 動 を台無しにする ≒ remains
2 ▢▢ **explore** [ɪksplɔ́ːr]	動 を探検する；を調査する
3 ▢▢ **fascinating** [fǽsɪnèɪt̬ɪŋ]	形 魅了する，素晴らしい 副 fascinatingly 魅惑的に ≒ appealing
4 ▢▢ **knowledgeable** [nɑ́(ː)lɪdʒəbl]	形 精通している，詳しい；理解力のある 名 knowledge 知識 副 knowledgeably 知識豊富に
5 ▢▢ **amenity** [əmíːnət̬i]	名 (通例 -s) 生活を楽しくするもの [設備，施設]
6 ▢▢ **a wide range of ～**	多様な～ ≒ a wide variety of ～
7 ▢▢ **souvenir** [sùːvəníər] ❶	名 お土産，記念品
8 ▢▢ **feel free to *do***	気軽に～する
9 ▢▢ **independently** [ìndɪpéndəntli]	副 独立して；自由に 名 independence 独立 形 independent 独立した
10 ▢▢ **expansive** [ɪkspǽnsɪv]	形 広々とした；幅広い 名 expansion 拡大；発展 動 expand を拡大する 副 expansively 大げさに
11 ▢▢ **integrate** [ínt̬əgrèɪt] ❶	動 を統合する；を融和させる 名 integration 統合 ⇔ separate を分離する

12 ☐☐ **preference** [préfərəns] ❶	**名** 好み **動** prefer を好む **形** preferable 好ましい **副** preferably 希望を言えば ● for preference 好んで
13 ☐☐ **reduce** [rɪdjúːs]	**動** を減少させる **名** reduction 減少 **盲** decrease
14 ☐☐ **promise to** *do*	〜することを約束する
15 ☐☐ **treat** [triːt] ❶	**名** 楽しみ；もてなし **動** を扱う **名** treatment 治療；取り扱い

10 ガーデニングの講習会 説明

Good afternoon, everyone, and welcome to the first session of our beginner's gardening seminar series here at the Russel's [1]**Hardware Store** gardening department. I'm delighted to see so many of you eager to [2]**take up** gardening as a hobby.

Today, our focus will be on low-maintenance garden types, which are perfect for those just starting out. This area is known for its dry [3]**soil**, so it's [4]**exceptionally** [5]**suited** for growing plants like lavender.

In this session, we'll talk about some [6]**essential** [7]**tips** for growing a low-maintenance garden. We'll look at some different garden layout ideas, introduce plant spacing theory, and discuss other points like sunlight, [8]**shade**, and air [9]**circulation**. Of course, selecting the right plants is always important as well. I'll take you through our garden center, talking about the [10]**strengths** and weaknesses of the various plants we have [11]**on offer**.

Some important gardening tools and supplies are included in the cost of the seminar. Please [12]**make sure to** take these home with you today, and bring them with you to next week's seminar. During the week, you can use them to practice what you've learned.

Next week, we'll [13]**cover** some more [14]**advanced** gardening techniques, so you might want to bring a pen and paper to take notes.

A quick [15]**reminder**: this is a [16]**practical** course, and we will be getting our hands dirty. So, do bring along your gloves every week to [17]**protect** your hands. If any of you don't have gloves with you today, I suggest you buy a cheap pair now before we get started.

🇺🇸 (258 words)

皆さん，こんにちは。ここ Russel's [1]金物店園芸コーナーの初心者ガーデニングセミナーシリーズの第 1 回目にようこそ。趣味としてガーデニング [2]を始めたいと願っている人がたくさんいらっしゃることをうれしく思います。

本日は，ちょうどこれからガーデニングを始める人にぴったりの，手入れの少ない庭造りに焦点を当てます。この地域は乾燥した [3]土壌で知られており，ラベンダーのような植物の栽培に [4]非常に [5]適しています。

この回では，手入れの少ない庭造りに [6]欠かせない [7]コツをいくつかお話しします。いくつかの異なる庭のレイアウトのアイディアを見て，植物を植える間隔に関する理論を紹介し，日当たりや [8]日陰，空気の [9]循環など，その他のポイントについてもお話しします。もちろん，適切な植物を選ぶことも同様に，常に重要です。当ガーデンセンターをご案内しながら [11]売りに出されているさまざまな植物の [10]長所と短所をお話しします。

重要な園芸用具と用品はセミナー費用に含まれています。今日 [12]必ずお持ち帰りいただき，来週のセミナーにもご持参ください。今週中，学んだことを実践するためにお使いいただいてもいいですよ。

来週は，いくつかのより [14]高度なガーデニング技術 [13]を取り扱う予定ですので，メモを取るためのペンと紙をご持参いただくといいでしょう。

簡単な [15]注意ですが，このコースは [16]実践的なものなので，手が汚れます。そのため，毎週，手 [17]を保護するために手袋を持参してください。もし本日手袋をお持ちでない方がいらっしゃいましたら，始まる前に安い手袋を 1 組買うことをお勧めします。

「長所と短所」いろいろ

第 3 段落 4 文目では「長所と短所」を strengths and weaknesses と表現しています
が，他にも，advantages and disadvantages や pros and cons などの言い方もあります。どれも頻繁に見かけますので，一緒に覚えておきましょう。

ガーデニングの講習会

1 ☐☐ **hardware store**	金物屋 ● hardware は金属製品や家庭で使われる用具全般を指す
2 ☐☐ **take up**	～を始める 🟦 start, begin, commence
3 ☐☐ **soil** [sɔɪl]	名 土壌；土地 🟦 earth
4 ☐☐ **exceptionally** [ɪksépʃənəli]	副 非常に，特別に 形 exceptional 特に優れた
5 ☐☐ **suited** [súːtɪd]	形 適した〈for, to ～に〉；気が合う 動 suit に適する
6 ☐☐ **essential** [ɪsénʃəl]	形 不可欠の，極めて重要な；本質的な 名 essence 本質　副 essentially 本質的に ● be essential to ～ ～に必要不可欠である
7 ☐☐ **tip** [tɪp]	名 コツ，知恵〈on, about ～についての，for ～のための〉 🟦 hint
8 ☐☐ **shade** [ʃeɪd]	名 日陰；光をさえぎるもの 動 を陰にする ● 動詞の shade は Part 1 頻出
9 ☐☐ **circulation** [sə̀ːrkjuléɪʃən]	名 循環；伝達；発行部数〈of ～の〉 動 circulate 循環する
10 ☐☐ **strength** [streŋkθ] ❶	名 強み；力；強度 動 strengthen を強める ↔ weakness 弱み
11 ☐☐ **on offer**	売りに出されている 🟦 on sale

12 ☐☐ **make sure to** *do*	確かに〜する
13 ☐☐ **cover** [kávər]	動 を扱う；を覆う；を報道する　名 カバー，覆い 名 coverage 報道；受信範囲 ● Part 7 頻出の多義語
14 ☐☐ **advanced** [ədvǽnst]	形 高度な；上級の 動 名 advance 進む；進歩；前進 ● cf. intermediate 中級の，introductory 初級の
15 ☐☐ **reminder** [rimáindər]	名 注意，気付かせるもの；思い出させるもの ● cf. remainder 残り，余り
16 ☐☐ **practical** [prǽktikəl]	形 実践的な 形 practicable 実行可能な　副 practically ほとんど
17 ☐☐ **protect** [prətékt]	動 を保護する 名 protection 保護　形 protected 保護された ⇔ endanger を危険にさらす

11 通行止めの案内　案内

Good morning, listeners! I'm Greg Cutter, and you're listening to Radio 4RT. We have all the latest updates on what's happening in and around our wonderful city of Turnball. If you're heading out today or tomorrow, [1]**take note**: the annual Turnball Music Festival is currently [2]**under way**. [3]**Aside from** concerts and street performers, this popular event features a colorful parade and [4]**an array of** street [5]**vendors** offering a [6]**delightful** selection of international [7]**cuisine**.

Unfortunately, the festivities do cause a problem with [8]**traffic flow**. Harper Avenue and Collins Street are experiencing some [9]**congestion** due to the road [10]**closures** for the festival. Local [11]**authorities** are encouraging motorists who are not part of the festival to [12]**avoid** these roads and use Spruce Road instead. Anyone who has to [13]**navigate** the area should exercise [14]**patience** and expect delays of approximately 20 minutes.

Those planning to join the festival might want to [15]**consider** taking the train. Public transportation [16]**remains** unaffected by the festival activities, offering a smoother travel option.

The festival [17]**tends to** draw its largest [18]**crowds** between 11:00 A.M. and 1:00 P.M., and again from 5:00 P.M. to 6:00 P.M. So, if you're looking to avoid the busiest times, you might want to plan around these hours.

[19]**Stay tuned** to Radio 4RT for more updates every hour. Next up is a song from Lance Water's latest album.

(223 words)

リスナーの皆さん，おはようございます！ お聞きいただいているのは 4RT ラジオで，こちら Greg Cutter です。我々の素晴らしい街，ターンボールと，その周辺で何が起こっているのかについて，最新情報をすべてお伝えします。今日か明日お出かけになる方は，毎年恒例のターンボール音楽祭が現在 2開催中ですので 1ご注意ください。この人気イベントはコンサートや大道芸人 3に加えて，カラフルなパレードや世界各国の 7料理の 6素晴らしい品ぞろえを提供する 4たくさんの通りの 5露店を呼びものにしています。

残念なことに，この祭りは 8交通の流れに問題を引き起こします。ハーパー大通りとコリンズ通りでは，祭りのための道路の 10閉鎖によって，9渋滞が少々発生しています。地元 11当局は，この祭りの関係者でないドライバーはこれらの道路 12を避け，代わりにスプルース通りを使うように呼びかけています。このエリア 13を通行しなければならない人は 14辛抱し，約 20 分の遅れを見込んでおく必要があります。

祭りへの参加を計画している人は，電車を利用 15することを検討した方がいいかもしれません。公共交通機関は祭りの催しの影響を受けない 16ままで，よりスムーズな移動の選択肢を提供してくれます。

祭りが最も多くの 18人を集める 17傾向にあるのは午前 11 時から午後 1 時の間で，午後 5 時から午後 6 時の間に再び混雑します。そのため，混雑する時間帯を避けたいのであれば，これらの時間帯を避けて計画を立てるといいでしょう。

1 時間ごとに最新情報をお届けしますので 19チャンネルはそのまま 4RT ラジオで。次は Lance Water の最新アルバムからの 1 曲です。

動詞と名詞のコロケーション

第 2 段落 4 文目に exercise patience「辛抱する」がありますが，これは use patience に置き換えることができます。また exercise や use を使ったコロケーションとしてより頻度が高いのは，exercise caution, use caution であり，いずれも「注意する，用心する」という意味になります。

通行止めの案内

1 ☐☐ **take note**	注目する，特に注意を払う
2 ☐☐ **under way**	開催中の，進行中の 📖 in progress
3 ☐☐ **aside from ～**	～の他に，～は別として 📖 in addition to ～
4 ☐☐ **an array of ～**	勢ぞろいの～ ● array は「勢ぞろい，一群」を意味する単語
5 ☐☐ **vendor** [véndər]	名 露店（商） 📖 street stall
6 ☐☐ **delightful** [dɪláɪtfəl]	形 愉快な，喜ばしい 副 delightfully 楽しく，愉快に
7 ☐☐ **cuisine** [kwɪzíːn]	名 料理 📖 meal
8 ☐☐ **traffic flow**	交通の流れ
9 ☐☐ **congestion** [kəndʒéstʃən]	名 混雑，密集 形 congested 混雑した
10 ☐☐ **closure** [klóʊʒər]	名 閉鎖 ⇄ opening 開放
11 ☐☐ **authority** [əθɔ́ːrəti] ❶	名 当局；権威

12 ☐☐ **avoid** [əvɔ́ɪd]	**動** を避ける **名** avoidance 避けること，回避
13 ☐☐ **navigate** [nǽvɪgèɪt]	**動** を通り抜ける，を操縦する **名** navigation 運行
14 ☐☐ **patience** [péɪʃəns] ❗	**名** 辛抱 **形** patient 辛抱強い ⇄ impatience 短気
15 ☐☐ **consider** *doing*	～することを検討する 🔁 think about *doing*
16 ☐☐ **remain** [rɪméɪn]	**動** のままである 🔁 stay ● remain + C（補語）「C（補語）のままである」の形で頻出
17 ☐☐ **tend to** *do*	～する傾向にある 🔁 have a tendency to *do*
18 ☐☐ **crowd** [kráʊd]	**名** 人ごみ；群衆 **形** crowded 混んでいる ● cf. crowdfunding 一般の人々からある事業への出資を募ること
19 ☐☐ **stay tuned**	（テレビやラジオなどで）チャンネルを変えずに視聴し続ける

イベント・コミュニティー
確認テスト

（解答：p.188）

1 次の日本語の意味の単語を下の❶ ～ ⓰の中から選びなさい。

（1）辛抱 （ ）

（2）具体的な （ ）

（3）福祉活動 （ ）

（4）を示す （ ）

（5）報告話 （ ）

（6）新興の （ ）

（7）大会 （ ）

（8）を統合する （ ）

（9）権威のある （ ）

（10）進化する （ ）

（11）独立して （ ）

（12）提案 （ ）

（13）再生できる （ ）

（14）活動 （ ）

（15）適した （ ）

（16）（企業や活動）に（政府や組織が）助成金を与える

（ ）

---

❶ operation	❷ integrate	❸ independently	❹ specific
❺ subsidize	❻ convention	❼ suited	❽ account
❾ renewable	❿ proposal	⓫ evolve	⓬ prestigious
⓭ patience	⓮ indicate	⓯ emerging	⓰ outreach

2 次の単熟語の意味に最も近いものをそれぞれ ❶ 〜 ❹ の中から 1 つ選びなさい。

（1） shortage
- ❶ reserve
- ❷ target
- ❸ pursue
- ❹ scarcity

（2） seaside
- ❶ expansive
- ❷ coastal
- ❸ regional
- ❹ tough

（3） certification
- ❶ authority
- ❷ proof
- ❸ allowance
- ❹ strength

（4） renowned
- ❶ prominent
- ❷ valued
- ❸ numerous
- ❹ acceptable

（5） develop
- ❶ unveil
- ❷ explore
- ❸ foster
- ❹ enrich

（6） viewpoint
- ❶ tip
- ❷ creation
- ❸ preference
- ❹ perspective

（7） profitable
- ❶ lucrative
- ❷ fortunate
- ❸ scenic
- ❹ talented

（8） (the) rest
- ❶ scarcity
- ❷ fund
- ❸ remainder
- ❹ benefit

（9） book
- ❶ hinder
- ❷ attach
- ❸ initiate
- ❹ reserve

（10） remains
- ❶ ruin
- ❷ opposition
- ❸ vendor
- ❹ closure

（11） appreciate
- ❶ demonstrate
- ❷ admire
- ❸ raise
- ❹ boost

（12） compulsory
- ❶ essential
- ❷ practical
- ❸ mandatory
- ❹ knowledgeable

イベント・コミュニティー

確認テスト

解答

1 （1）⓭ patience (→ p.185)

（3）⓰ outreach (→ p.164)

（5）❽ account (→ p.156)

（7）❻ convention (→ p.144)

（9）⓬ prestigious (→ p.160)

（11）❸ independently (→ p.176)

（13）❾ renewable (→ p.168)

（15）❼ suited (→ p.180)

（2）❹ specific (→ p.148)

（4）⓮ indicate (→ p.144)

（6）⓯ emerging (→ p.149)

（8）❷ integrate (→ p.176)

（10）⓫ evolve (→ p.153)

（12）⓾ proposal (→ p.152)

（14）❶ operation (→ p.172)

（16）❺ subsidize (→ p.165)

2 （1）❹ scarcity (→ p.152)

（2）❷ coastal (→ p.168)

（3）❷ proof (→ p.172)

（4）❶ prominent (→ p.161)

（5）❸ foster (→ p.164)

（6）❹ perspective (→ p.149)

（7）❶ lucrative (→ p.152)

（8）❸ remainder (→ p.144)

（9）❹ reserve (→ p.144)

（10）❶ ruin (→ p.176)

（11）❷ admire (→ p.156)

（12）❸ mandatory (→ p.172)

求人・勤務

1 プロジェクトマネージャーの求人広告 ················· 190
2 求人への応募 ················· 194
3 入社時に必要な書類 ················· 198
4 応募者の推薦状 ················· 202
5 就職説明会 ················· 206
6 入社の手続き ················· 210
7 インターンシップ ················· 214
8 社内異動・役職交代 ················· 218
9 フレックスタイム制 ················· 222
10 リモートワーク ················· 226

確認テスト ················· 230

求人・勤務

■1 プロジェクトマネージャーの求人広告 [広告]

Career Opportunity: Project Manager

Skills Needed

You must have [1]**outstanding** planning, leadership, organizing ability, knowledge of [2]**budgeting** and progress-tracking techniques, and time management and scheduling skills. Additionally, effective communication skills, both spoken and written, are crucial to [3]**convey** [4]**complicated** ideas to large and diverse groups of people. You will need to [5]**forecast** future situations through data analysis. This will [6]**necessitate** [7]**proficiency** with Smartplan Project Planning Software, and training in risk assessment strategies.

Job [8]**Description**

The project manager is required to make detailed [9]**quarterly** purchasing plans. You will also be responsible for the [10]**creation** of training manuals, and assigning training sessions to [11]**suitably** [12]**capable** employees. This will include [13]**monitoring** the quality of training and working. Other regular tasks include preparing [14]**budget proposals**, making project [15]**completion** reports, and scheduling office inspections.

Benefits Package

We are proud to offer a [16]**competitive** salary with [17]**paid leave**, health [18]**insurance**, and a travel [19]**allowance**. We encourage [20]**continuous** learning and development opportunities to ensure you stay at the [21]**forefront** of industry practices.

Contact our HR department to apply.

E-mail: humanresources@simpsondevelopments.com

🟦 (173 words)

採用情報：プロジェクトマネージャー

必要なスキル

[1]卓越した企画力，リーダーシップ能力，組織力，そして[2]予算編成や進捗管理手法の知識，時間管理およびスケジュール管理能力が求められます。また，大勢の多様な人々に[4]複雑なアイディア[3]を伝えるには，口頭と書面の両方による効果的なコミュニケーション能力が不可欠です。データ分析を通じて将来の状況[5]を予測する必要があります。そのためには，Smartplan プロジェクト計画ソフトに[7]習熟し，リスク評価戦略のトレーニングを受ける[6]必要があります。

職務[8]内容

プロジェクトマネージャーは，詳細な[9]四半期ごとの購買計画を立てることが求められます。また，トレーニングマニュアルの[10]作成，[11]適切に[12]実力のある従業員へのトレーニングセッションを割り当てることも担当します。これにはトレーニングと仕事の質[13]を観察することが含まれます。その他の通常業務には，[14]予算提案の準備，プロジェクトの[15]完了報告書の作成，そして事務所検査の日程調整が含まれます。

福利厚生

当社は，[17]有給休暇のある[16]水準以上の給料，健康[18]保険と出張[19]手当を提供できることに誇りを持っています。業界の慣行の[21]最前線で活躍できるよう，[20]継続的な学習と成長の機会を奨励しています。

ご応募は人事部までご連絡ください。

E メール： humanresources@simpsondevelopments.com

求人広告の定番の流れ

求人広告は TOEIC 頻出文書ですが，定番の流れがあります。まず，必要なスキルや経験，資格に言及し，その次に職務内容，次いで給与体系や福利厚生，昇進昇格の条件などの待遇が続きます。慣れておきましょう。

プロジェクトマネージャーの求人広告

1 ☐☐
outstanding
[àʊtstǽndɪŋ]

形 卓越した；未払いの
📖 exceptional

2 ☐☐
budgeting
[bʌ́dʒətɪŋ]

名 予算編成，予算管理
名 動 budget 予算；予算を編成する

3 ☐☐
convey
[kənvéɪ] ❶

動 を伝える，を運ぶ
名 conveyance 運搬，輸送　形 conveyable 運搬可能な

4 ☐☐
complicated
[kɑ́(:)mpləkèɪt̬ɪd]

形 複雑な
副 complicatedly 複雑に

5 ☐☐
forecast
[fɔ́:rkæst] ❶

動 を予測する，を予報する　名 予報，予測
📖 predict
● fore- は「前に」を意味する接頭辞

6 ☐☐
necessitate
[nəsésɪtèɪt] ❶

動 を必要とする
形 necessary 必要な

7 ☐☐
proficiency
[prəfíʃənsi]

名 熟達，習熟度〈at, in, with ～の〉
形 proficient 熟達した

8 ☐☐
description
[dɪskrípʃən]

名 記述（書），説明
動 describe を記述する

9 ☐☐
quarterly
[kwɔ́:rt̬ərli]

形 四半期ごとの，年4回の
名 quarter 四半期，4分の1

10 ☐☐
creation
[kri(:)éɪʃən]

名 作成；創造〈of ～の〉
動 create を創造する　副 creatively 独創的に

11 ☐☐
suitably
[sú:t̬əbli]

副 適切に，ふさわしく
形 suitable 適した

12 ☐☐ **capable** [kéɪpəbl] ❶	**形** 能力がある；有能な ⇄ incapable 能力がない ● be capable of *doing*「〜する能力がある」の形でも頻出
13 ☐☐ **monitor** [má(:)nət̬ər]	**動** を監視する **名** モニター，ディスプレイ
14 ☐☐ **budget proposal**	予算提案
15 ☐☐ **completion** [kəmplíːʃən]	**名** 完了，完成 **動** complete を完了する
16 ☐☐ **competitive** [kəmpét̬ət̬ɪv]	**形** 他に負けない；競争力のある **名** competitiveness 競争優位性；向上心 ⇄ uncompetitive 競争力のない
17 ☐☐ **paid leave**	有給休暇 ● paid「支払われた」leave「休暇」のこと
18 ☐☐ **insurance** [ɪnʃúərəns]	**名** 保険 ▤ assurance
19 ☐☐ **allowance** [əláuəns] ❶	**名** 手当；許可；値引き ● housing allowance 住宅手当
20 ☐☐ **continuous** [kəntínjuəs]	**形** 継続的な，絶え間ない **動** continue を続ける，続く ⇄ occasional ときどきの
21 ☐☐ **forefront** [fɔ́rfrʌ̀nt]	**名** 最前線，最先端 ▤ cutting edge

2 求人への応募　Eメール

To: Human Resources
From: Lance Richardson
Subject: ¹**Application** for Photographer ²**Position**
³**Attachment**: Richardson résumé and references

To the Hiring Manager,

I am writing to express my interest in the ⁴**vacant** photographer position at GHT ⁵**Publishing House**, as recommended by my friend and your colleague, David Brown. The ⁶**accompanying documents** are my résumé and a list of professional ⁷**references** for your ⁸**review**.

With ⁹**a great deal of** experience in diverse assignments and a ¹⁰**determination** to deliver high-quality work, I believe I ¹¹**am fit for** this ¹²**role**. My digital ¹³**portfolio**, showcasing a range of projects I have undertaken, can be accessed at www.lriphotography.com. This Web site highlights my proficiency in various photographic styles.

One ¹⁴**aspect** of the role that excites me ¹⁵**in particular** is the opportunity for travel. I am able to adapt to different roles and ¹⁶**am willing to** be on assignment for ¹⁷**extended** periods.

Thank you for considering my application. I hope I will have a chance to discuss my ¹⁸**suitability** with you.

Warm regards,

Lance Richardson

🇨🇦 (167 words)

受信者：人事部
送信者：Lance Richardson
件名：カメラマン [2]職への [1]応募
[3]添付：Richardson の履歴書と照会先

採用担当者さま

私は，友人でありあなたの同僚である David Brown から推薦された GHT[5]出版社で [4]欠員が出ているカメラマンの役職に興味を持ち，メールを書いています。[6]添付の書類は，[8]審査いただきたい私の履歴書と職業上の [7]照会先のリストです。

多様な任務における [9]豊富な経験と，質の高い仕事を提供する [10]固い意志により，私はこの [12]職務 [11]に適していると信じています。私が取り組んだ多種多様なプロジェクトを示すデジタル版の [13]作品集は，www.lrlphotography.com にてご覧いただけます。このウェブサイトでは，私がさまざまな写真スタイルに精通していることを強調しています。

この職務で [15]特に私をわくわくさせる [14]側面は，出張の機会があることです。私はさまざまな役割に適応することができ，[17]長期間の任務も [16]喜んでお受けいたします。

私の応募を考慮していただき，ありがとうございます。私の [18]適性について話し合う機会があることを願っています。

よろしくお願いします。

Lance Richardson

求人への応募

1 ☐☐ **application** [ǽplɪkéɪʃən]	名 応募, 申し込み；適用 動 apply 応募する；当てはまる
2 ☐☐ **position** [pəzíʃən]	名 職；位置；立場 ≡ job
3 ☐☐ **attachment** [ətǽtʃmənt]	名 添付資料；愛情；付属品 動 attach を取り付ける　形 attached 愛着のある；付属の
4 ☐☐ **vacant** [véɪkənt] ❶	形 欠員になっている；空いている, 使用されていない 名 vacancy 空き　⇔ full いっぱいの ● vacant room 空き部屋
5 ☐☐ **publishing house**	出版社 ≡ publishing company, publisher
6 ☐☐ **accompanying document**	付属の書類 ≡ attached document
7 ☐☐ **reference** [réfərəns]	名 (履歴書などの) 照会先；参照 〈to ～の〉 ≡ referee
8 ☐☐ **review** [rɪvjúː] ❶	名 審査；再検討 動 を審査する；を再検討する
9 ☐☐ **a great deal of ～**	豊富な～ ≡ a great number of ～ ● a great deal of ～は, of の後ろに不可算名詞が続く
10 ☐☐ **determination** [dɪtə̀ːrmɪnéɪʃən]	名 決心 〈to do ～する〉, 決断 動 determine を決定する
11 ☐☐ **be fit for ～**	～に適している ≡ be suitable for ～ ● fit は「適当な, ふさわしい」を意味する形容詞

12 □□ **role** [roʊl]	**名** 役割，任務 **≒** responsibility
13 □□ **portfolio** [pɔːrtfóʊliòʊ]	**名** 作品集，写真集
14 □□ **aspect** [ǽspèkt] ❶	**名** 側面，局面〈of ～の〉 **≒** side
15 □□ **in particular**	特に **≒** especially
16 □□ **be willing to** *do*	進んで～する ● will「意志」のイメージから
17 □□ **extended** [ɪksténdɪd]	**形** 長期の，延長された **≒** long
18 □□ **suitability** [sùːṭəbíləṭi]	**名** 適合（性），似合うこと **形** suitable 適している

3 入社時に必要な書類 Eメール

To: Rebecca Saunders
From: Hal Weston
Subject: Important ¹**Onboarding** ²**Instructions**

Dear Ms. Saunders,

I am delighted to inform you that you have been ³**appointed to** the position of Warehouse Operator at ViceChem. The position ⁴**comes with** ⁵**a large amount of** ⁶**responsibility**.

There are a number of documents and certifications we need you to prepare before your first day. Firstly, ensure that you have your Hazardous Materials ⁷**Handling** Certification so you can work with any of the ⁸**chemicals**. Additionally, since you will be ⁹**operating** a ¹⁰**forklift** in the warehouse, your forklift operator's license is necessary. Also, your ¹¹**commercial** truck driver's license is required as you may be required to move trucks around ¹²**from time to time**.

We also require your social security number* and bank account information for ¹³**payroll** processing. It is ¹⁴**equally** important that you provide us with your ¹⁵**emergency** contact details for our records. Attached to this e-mail are the health insurance ¹⁶**enrollment** forms and various onboarding documents. We highly recommend ¹⁷**filling** them **out** ¹⁸**ahead of time** to streamline your first-day activities.

Sincerely,

Hal Weston
Head of Human Resources, ViceChem

🇦🇺 (181 words)

---

*social security number 社会保障番号（アメリカで市民や永住者，外国人就労者に発行される9桁の番号）

受信者：Rebecca Saunders
送信者：Hal Weston
件名：重要な ¹業務開始に関する ²指示

Saunders さま

この度，あなたが ViceChem の倉庫技師職 ³に任命されたとお知らせできることをうれしく思います。この職には ⁵多くの ⁶責任 ⁴が伴います。

初日までに準備していただきたい書類や証明書がいくつかございます。まず，あらゆる ⁸化学物質を扱うために，危険物 ⁷取扱者証明書を必ず取得してください。さらに，倉庫内で ¹⁰フォークリフト ⁹を操作することになるので，フォークリフト運転免許が必要です。また，¹²ときどきトラックを移動させなければならないこともあるため，¹¹商用トラック運転免許も必要です。

また，¹³給与支払い処理のために社会保障番号と銀行口座の情報も必要です。当社の記録のために，¹⁵緊急連絡先をお知らせいただくことも ¹⁴同様に重要です。この E メールには，健康保険 ¹⁶加入用紙と各種入社書類が添付されています。初日の活動を合理化するために，¹⁸前もってそれら ¹⁷を記入しておくことを強くお勧めします。

敬具

Hal Weston
ViceChem　人事部長

倒置

最終段落3文目の Attached to this e-mail are the health insurance enrollment forms and various onboarding documents. は倒置構文です。元の形は，The health insurance enrollment forms and various onboarding documents are attached to this e-mail. です。Part 5 や Part 6 で Attached や Enclosed の箇所が空所でも，迷いなく埋められるよう理解しておきましょう。

入社時に必要な書類

1 ☐☐
onboarding
[ɑ(:)nbɔ́:rdɪŋ]

名 入社の準備をすること
● on-board「乗りものに乗っている」が由来のビジネス用語

2 ☐☐
instruction
[ɪnstrʌ́kʃən]

名（通例 -s）**指示**
≒ directions

3 ☐☐
appoint _A_ to _B_

A を B に任命する
● cf. assign _A B_ A に B を割り当てる

4 ☐☐
come with ～

～が付いてくる

5 ☐☐
a large amount of ～

大量の～
≒ a large quantity of ～

6 ☐☐
responsibility
[rɪspà(:)nsəbíləṭi]

名 責任〈for ～に対する〉
⇔ irresponsibility 無責任

7 ☐☐
handling
[hǽndlɪŋ]

名（機械などの）**取り扱い，操作**
● cf. treatment（人に対する）扱い

8 ☐☐
chemical
[kémɪkəl] ❶

名（通例 -s）**化学物質，化学薬品**
副 chemically 化学的に

9 ☐☐
operate
[ɑ́(:)pərèɪt] ❶

動 を操作する；作動する
名 operation 操作，運転
≒ manipulate

10 ☐☐
forklift
[fɔ́rklìft]

名 フォークリフト

11 ☐☐
commercial
[kəmɔ́:rʃəl]

形 商用の　**名**（テレビ・ラジオの）コマーシャル
≒ for business
● for commercial use 商用の

12 ☐☐ **from time to time**	ときどき 🔖 occasionally, once in a while, sometimes
13 ☐☐ **payroll** [péɪròʊl]	名 給与支払い業務；従業員名簿
14 ☐☐ **equally** [íːkwəli]	副 同様に；平等に 形 equal 平等な
15 ☐☐ **emergency** [ɪmɔ́ːrdʒənsi]	名 緊急事態，非常時 形 emergent 緊急の；突発的な
16 ☐☐ **enrollment** [ɪnróʊlmənt]	名 加入，入会；入会者数 動 enroll 加入する 🔁 withdrawal 退会
17 ☐☐ **fill out**	～に記入する 🔖 complete, fill in
18 ☐☐ **ahead of time**	前もって 🔖 beforehand, in advance

求人・勤務

3

求人・勤務

4 応募者の推薦状　手紙

Letter of Recommendation for Sharon Lynch

¹**To Whom It May Concern**,

As the director of the Lumberton Tourism Bureau, I was fortunate enough to work with Sharon Lynch for over three years, during which she played a ²**pivotal** role in enhancing Lumberton's appeal as a tourist destination.

One of Sharon's most ³**notable** achievements was her leadership in the planning and execution of our ⁴**inaugural** Cake and Pie Festival. Under her ⁵**supervision**, the event brought the community together and boosted tourism. Post-event surveys ⁶**revealed** that ⁷**elements** of the festival using her ⁸**innovative** ideas were ⁹**central** to the festival's success. Sharon's ability to work collaboratively with diverse teams was also remarkable. She ¹⁰**managed to** bring together local ¹¹**artisans**, business owners, and volunteers, fostering a ¹²**spirit** of cooperation and ¹³**enthusiasm**. Her ¹⁴**organizational** and communication skills ensured that every aspect of the festival was ¹⁵**executed** ¹⁶**flawlessly**.

¹⁷**In conclusion**, Sharon's contributions to the Lumberton Tourism Bureau have been invaluable. Her creativity, dedication, and ability to work ¹⁸**harmoniously** with others make her an ¹⁹**asset** to any team. I am confident that she will bring the same level of commitment to her future ²⁰**endeavors**.

Sincerely,

Sunil Patel
Director, Lumberton Tourism Bureau

🇨🇦 (194 words)

Sharon Lynch の推薦状

[1] ご担当者さま

ランバートン観光局の局長として，私は幸運にも Sharon Lynch と 3 年以上一緒に働くことができました。その間，彼女はランバートンの観光地としての魅力を高める上で [2] 極めて重要な役割を果たしてくれました。

Sharon の最も [3] 顕著な功績の 1 つは，[4] 第 1 回ケーキとパイのフェスティバルの企画と実行におけるリーダーシップです。彼女の [5] 指揮の下，このイベントは地域を 1 つにまとめ，観光を大きく後押ししました。イベント後のアンケートでは，彼女の [8] 斬新なアイディアを使った [7] 要素がフェスティバルの成功の [9] 中核をなしていたこと [6] が明らかになりました。Sharon の多様なチームと協調して仕事をする能力にも目を見張るものがありました。彼女は地元の [11] 職人，事業主とボランティアをまとめ上げる [10] ことを成し遂げ，協力と [13] 熱意の [12] 精神を促進しました。彼女の [14] 組織力とコミュニケーション能力によって，フェスティバルのあらゆる側面が [16] 完璧に [15] 実行されました。

[17] 結論として，Sharon のランバートン観光局への貢献は計り知れません。彼女の創造性，献身，そして他者と [18] 調和して働く能力は，どんな会社にとっても [19] 武器となります。私は，彼女が今後の [20] 活動においても同じレベルの献身を発揮してくれると確信しています。

敬具

Sunil Patel
ランバートン観光局局長

応募者の推薦状

1 ☐☐ **To whom it may concern**	ご担当者さま ● 手紙や E メールの冒頭に出てくる決まり文句
2 ☐☐ **pivotal** [pívətəl]	形 極めて重要な，必要不可欠の 🔲 crucial, vital
3 ☐☐ **notable** [nóutəbl]	形 顕著な；著名な 🔲 remarkable
4 ☐☐ **inaugural** [ɪnɔ́ːgjurəl]	形 開始の；就任（式）の 動 inaugurate を正式に開始する 🔲 first ● inaugural address 就任演説
5 ☐☐ **supervision** [sùpərvíʒən]	名 指揮，監督，管理 動 supervise を監督する
6 ☐☐ **reveal** [rɪvíːl]	動 を明らかにする 形 revealing 知られていない部分を明らかにする
7 ☐☐ **element** [élɪmənt]	名 要素，要因〈of, in ～の〉 🔲 component
8 ☐☐ **innovative** [ínəvèɪṭɪv] ❶	形 斬新な，革新的な 動 innovate 革新する，を新しく取り入れる 名 innovation 革新，刷新
9 ☐☐ **central** [séntrəl]	形 中心の；重要な 名 人気スポット，集いの場
10 ☐☐ **manage to *do***	～することを成し遂げる；なんとか～する
11 ☐☐ **artisan** [ɑ́ːrtəzən]	名 職人 形 artisanal 職人（技）の 🔲 artist

12 ☐☐ **spirit** [spírət]	名 精神，心 🟰 mind ⬄ body 体，matter 物質
13 ☐☐ **enthusiasm** [ɪnθjúːziæzm] ❶	名 熱意，熱中 ● with great enthusiasm 非常に熱心に
14 ☐☐ **organizational** [ɔ̀rɡənəzéɪʃənəl]	形 組織の 名 organization 組織
15 ☐☐ **execute** [éksɪkjùːt] ❶	動 を実行する；（職務や義務）を遂行する 名 execution 実行
16 ☐☐ **flawlessly** [flɔ́ːləsli]	副 完璧に 形 flawless 完全な，傷のない 🟰 perfectly ● flaw「傷」が -less「ない」状態という意味
17 ☐☐ **in conclusion**	結論として
18 ☐☐ **harmoniously** [hɑːrmóʊniəsli]	副 調和して 形 harmonious 調和のとれた，協調的な
19 ☐☐ **asset** [ǽsèt] ❶	名 有用なもの，武器〈to, for ~にとっての〉 🟰 advantage ● 最初の a にアクセントを置いて発音される
20 ☐☐ **endeavor** [ɪndévər] ❶	名 努力；尽力，試み〈to do ~しようとする〉 動 懸命に努力する〈to do ~しようと〉 🟰 effort

5 就職説明会 案内

Good morning, everyone. We're excited to see that we have so many students from Kildare University at the Portland **¹Job Fair** this morning. There are a lot of local and **²interstate** employers here **³looking to** **⁴fill** entry-level positions in their **⁵organizations**. In a few moments, I'll be leading you on a guided tour of the fair. We're using the **⁶entire** convention center, so it can be easy to get lost. You can check the map in the **⁷information package** you received at **⁸reception** if you need to find your way back here.

I understand that this group **⁹is** mainly **made up of** people who are engineering and international business **¹⁰majors**. You may find that some **¹¹seemingly** **¹²unrelated** industry sectors have positions for people with your **¹³qualifications**, so we'll tour every area ending at the engineering section. Don't be shy about **¹⁴approaching** the company representatives **¹⁵staffing** the booths. They're here to help and eager to find **¹⁶motivated** employees. You should feel free to talk about topics such as **¹⁷workload**, **¹⁸compensation**, holidays, career paths, and anything else that comes to mind.

We have a presentation planned for you to attend after lunch. Margaret Winters from CFD **¹⁹Employment Agency** will give an **²⁰informative** presentation on some important topics for **²¹job seekers**. These include preparing a résumé, performing well in interviews, and what to look for in an employer.

(225 words)

206

皆さん，おはようございます。今朝のポートランド ¹<u>就職説明会</u>に，Kildare 大学の学生さんが大勢来てくれていることを見てうれしく思います。ここには，⁵<u>組織内で初級職 ⁴を埋め ³ようとしている</u>地元と ²<u>州をまたがる</u>多くの雇用主がいます。もう少ししたら，皆さんを説明会のガイドツアーにご案内します。会議場 ⁶<u>全体</u>を使っているので，迷いやすいかもしれません。ここまでの帰り道がわからなくなったら，⁸<u>受付</u>でお渡しした ⁷<u>資料ファイル</u>の中にある地図でご確認いただけます。

このグループは主に工学や国際ビジネス ¹⁰<u>専攻学科</u>の人たち ⁹で構成されていると認識しています。いくつかの ¹¹<u>一見</u> ¹²<u>関係ない</u>ような業種でも，あなたのような ¹³<u>資格</u>を持っている人向けの求人があるかもしれませんから，技術系を最後にしてすべてのエリアを回ります。ブース ¹⁵<u>に配置されている</u>企業の担当者 ¹⁴<u>に話しかける</u>ことを遠慮しないでください。彼らは，手助けをするためにここにいますし，¹⁶<u>意欲的な社員</u>を見つけることを熱望しています。¹⁷<u>仕事量</u>，¹⁸<u>給料</u>，休日，キャリア形成の道など，他にも思いついた話題について気軽に聞いてみてください。

昼食後にはプレゼンテーションも予定しています。CFD¹⁹<u>人材紹介会社</u>の Margaret Winters さんが，²¹<u>求職者</u>にとっていくつかの重要なトピックについて ²⁰<u>有益な</u>プレゼンテーションを行います。これらには履歴書の書き方，面接での上手な受け答えや雇用者に何を求めるか，などが含まれます。

1 □□ **job fair**	就職フェア，就職説明会 🔄 career fair
2 □□ **interstate** [ìntərstéɪt]	形 各州間の，州連帯の ● state は「州」を意味する語
3 □□ **look to *do***	～しようとする
4 □□ **fill** [fíl]	動（役職）を埋める；（場所や時間など）をいっぱいに占める 🔄 empty を空にする
5 □□ **organization** [ɔ̀ːrgənəzéɪʃən]	名 組織，団体 動 organize を組織する　形 organizational 組織の
6 □□ **entire** [ɪntáɪər]	形 全体の；全くの 🔄 whole
7 □□ **information package**	資料ファイル
8 □□ **reception** [rɪsépʃən]	名 受付；受信（率） ● bad reception 電波が悪い
9 □□ **be made up of ～**	～で構成されている 🔄 consist of ～
10 □□ **major** [méɪdʒər] ●	名 専攻学科，専攻学生 動 専攻する〈in ～を〉
11 □□ **seemingly** [síːmɪŋli]	副 一見，うわべは 🔄 apparently ● seem「～のように見える」から

12 ☐☐ **unrelated** [ʌnrɪléɪṭɪd]	形 関係ない 〈to ~に〉 ≒ unconnected　⇄ related 関係している
13 ☐☐ **qualification** [kwà(:)lɪfɪkéɪʃən]	名 (通例 -s) 資格 ≒ certification, license
14 ☐☐ **approach** [əpróʊtʃ] ❶	動 に話しかける，に接近する 名 接近
15 ☐☐ **staff** [stæf]	動 に職員として勤める 名 職員，一員
16 ☐☐ **motivated** [móʊṭəvèɪṭɪd]	形 意欲的な 名 motivation 動機付け，モチベーション
17 ☐☐ **workload** [wɚ́rklòʊd]	名 仕事量 ● heavy workload 多い仕事量
18 ☐☐ **compensation** [kà(:)mpənséɪʃən]	名 給与，報酬；賠償（金） ≒ remuneration ● in compensation for ~「~の補償として」も覚えておきたい
19 ☐☐ **employment agency**	人材紹介会社，職業紹介所
20 ☐☐ **informative** [ɪnfɔ́ːrməṭɪv]	形 有益な，情報に富む 名 information 情報　⇄ uninformative 有益でない ● informative lecture 有益な講義
21 ☐☐ **job seeker**	求職者 ≒ applicant, candidate

求人・勤務

5

求人・勤務

6 入社の手続き Eメール

To: New [1]**Recruits**
From: Chris Cummins
Subject: Important Information for New Guest Relations Employees

---

Dear New Team Members,

[2]**Congratulations** on joining our team at the Wally's Wonderland Guest Relations Department! Following the [3]**notification** of the success of your application, this e-mail provides essential information for your [4]**orientation** this Saturday. All our department heads are [5]**engaged** during the weekdays at the moment, [6]**hence** the orientation sessions [7]**are scheduled for** the weekend. The sessions will offer an introduction to our park and your roles. Please sign the [8]**employment** contracts before the orientation session.

When you come to the park, [9]**instead** of the main entrance, please use the rear entrance [10]**designated** for staff. A gate [11]**attendant** will be there to provide you with an [12]**authorization** card for parking your vehicle, which is valid [13]**throughout** the year. You will also be given [14]**temporary** plastic [15]**identification badges** for identification [16]**purposes**.

Wearing uniforms [17]**on-site** is a [18]**necessity** at the park. Our [19]**storage** room is well-stocked with all sizes, so you can choose one that [20]**fits** perfectly on Saturday.

Looking forward to meeting you all on Saturday!

Best regards,

Chris Cummins
Human Resources Officer, Wally's Wonderland Amusement Park

🇨🇦 (191 words)

受信者：[1]新入社員の方々
送信者：Chris Cummins
件名：ゲスト対応部門新入社員の方への重要なお知らせ

新入社員の皆さんへ

この度は Wally's Wonderland のゲスト対応部門へのご入社，誠に[2]おめでとうございます！ 書類選考通過の[3]通知に続いて，このメールでは今週土曜日の[4]オリエンテーションの重要なお知らせをいたします。現時点で平日はすべての部門長が[5]忙しく，[6]そのためオリエンテーションは週末[7]に予定されています。オリエンテーションでは，当遊園地の紹介と皆さんの役割についてご案内いたします。オリエンテーションの前に，[8]雇用契約書に署名してください。

来園の際は，正面玄関の[9]代わりに，従業員用に[10]指定された裏口からお入りください。ゲート[11]係員がそこであなたの身元を確認し，年間[13]を通して必要不可欠な，あなたの車の[12]認証カードをお渡しします。また，身分証明の[16]用途で，[14]仮のプラスチック製の[15]身分証バッジをお渡しします。

遊園地では，[17]現地でのユニフォームの着用が[18]必須です。[19]保管室にはすべてのサイズがそろっていますので，自分にぴったり[20]合ったものを土曜日にお選びいただけます。

土曜日に皆さんにお会いできるのを楽しみにしています！

よろしくお願いします。

Chris Cummins
Wally's Wonderland 遊園地　人事担当

入社の手続き

1 □□
recruit
[rɪkrúːt]

名 新入社員，新人
動 (新人など) を入れる
名 recruiter 採用担当者

2 □□
congratulation
[kəngrætʃuléɪʃən]

名 (通例 -s) おめでとう；祝い，祝賀
動 congratulate を祝う

3 □□
notification
[nòʊt̬ɪfɪkéɪʃən]

名 通知
動 notify に知らせる
同 notice

4 □□
orientation
[ɔ̀ːriəntéɪʃən]

名 オリエンテーション，事前指導；志向
〈to ～に対する〉
● new employee orientation 新入社員研修

5 □□
engaged
[ɪngéɪdʒd]

形 忙しい，手がふさがっている〈with ～で〉
同 busy, occupied, have *one's* hands full

6 □□
hence
[hens]

副 それゆえ
同 therefore

7 □□
**be scheduled
for ～**

～に予定されている
同 be planned for ～

8 □□
employment
[ɪmplɔ́ɪmənt]

名 雇用，仕事
対 unemployment 失業

9 □□
instead
[ɪnstéd] ❶

副 代わりに
同 alternatively
● Part 6 の接続詞・接続副詞を問う問題で頻出

10 □□
designated
[dézɪgnèɪt̬ɪd]

形 指定された，指名された
● designated parking area 指定駐車場

11 □□
attendant
[əténdənt]

名 係員；参加者
同 assistant

12 ☐☐ **authorization** [ɔ̀:θərəzéɪʃən]	名 認証，許可証 動 authorize に権限を与える
13 ☐☐ **throughout** [θruːáʊt] ❶	前 〜の間中；〜の至るところに 🔁 during
14 ☐☐ **temporary** [témpərèri]	形 仮の，一時的な 副 temporarily 一時的に 🔁 permanent 永続的な
15 ☐☐ **identification badge**	身分証バッジ，ID バッジ
16 ☐☐ **purpose** [pə́ːrpəs] ❶	名 用途；目的 ● on purpose 故意に，意図的に
17 ☐☐ **on-site** [á(ː)nsàɪt]	副 現地で，現場で 🔁 on-the-spot
18 ☐☐ **necessity** [nəsésəti] ❶	名 必需品，必要（性） 形 necessary 必要な
19 ☐☐ **storage** [stɔ́ːrɪʤ] ❶	名 保管，貯蔵 動 store を保管する ● 「（スマホやパソコンの）メモリ・容量」の意味も
20 ☐☐ **fit** [fɪt]	動 （大きさや型が）合う 名 適合，合うもの 🔁 suit

求人・勤務

6

7 インターンシップ E メール

To: Mike Evens
From: Carla Chang
Subject: Guidance for Aspiring 3D Animators

Dear Mr. Evens,

Thank you for your letter expressing interest in the 3D animation field. As you are **¹relatively ²inexperienced** at this stage, I would like to recommend pursuing an internship. Although these positions are highly competitive, they offer valuable **³hands-on experience**. To enhance your chances, you need to develop a strong portfolio. Start by creating original 3D designs and animations that demonstrate your **⁴creativity** and **⁵technical** ability. Participating in **⁶amateur** 3D animation contests is also **⁷beneficial** because they are an excellent **⁸platform** for gaining **⁹recognition** and adding **¹⁰impressive** achievements to your résumé.

In addition, I strongly recommend obtaining **¹¹certifications** in 3D modeling and animation software. **¹²For instance**, becoming **¹³proficient** in software like VertexPro and AnimazeX will act as **¹⁴evidence** of your **¹⁵dedication** and **¹⁶expertise**, putting you above other **¹⁷candidates** for internships in the eyes of **¹⁸prospective** employers.

Finally, you should keep an eye on the Calister Productions Web site for internship opportunities, **¹⁹typically** advertised **²⁰annually** in March.

I hope you find these suggestions helpful.

Best regards,

Carla Chang, Human Resources — Calister Productions

(184 words)

受信者：Mike Evens
送信者：Carla Chang
件名：3D アニメーター志望者へのガイダンス

Evens さま

3D アニメーションの分野に興味を示していただいたお手紙，ありがとうございます。現段階では，あなたは ¹比較的 ²経験が浅いので，インターンシップに参加することをお勧めします。これらのポジションはかなり競争が激しいですが，貴重な ³実務経験ができます。チャンスを広げるには，強力な作品集を作成する必要があります。ご自身の ⁴創造力や ⁵技術力を示すオリジナルの 3D デザインやアニメーションを作ることから始めましょう。⁶アマチュアの 3D アニメーションコンテストに参加することも ⁷有益で，なぜならそれらは ⁹認知度を高め，履歴書に ¹⁰印象的な実績を加えるための素晴らしい ⁸場を提供するからです。

さらに，3D モデリングやアニメーションソフトの ¹¹資格を取得することを強くお勧めします。¹²例えば，VertexPro や AnimazeX のようなソフトに ¹³習熟することで，あなたの ¹⁵献身と ¹⁶専門知識の ¹⁴証明であり，インターンシップの他の ¹⁷候補者よりも ¹⁸将来の雇用者の目にはあなたを優位に立たせるでしょう。

最後に，Calister プロダクションのウェブサイトで ¹⁹通常，²⁰毎年 3 月に募集されるインターンシップの情報を常に確認しましょう。

これらの提案がご参考になれば幸いです。

よろしくお願いします。

Carla Chang
Calister プロダクション　人事部

1 ☐☐ **relatively** [rélətɪvli] ❶	**副** 比較的；相対的に **類** comparatively
2 ☐☐ **inexperienced** [ìnɪkspíəriənst]	**形** 経験の浅い，未経験の **反** experienced, seasoned 経験のある，ベテランの ● inexperienced worker 経験の浅い労働者
3 ☐☐ **hands-on** **experience**	実地経験，実践的な経験
4 ☐☐ **creativity** [krì:eɪtívəti]	**名** 創造力，創造性 **動** create を創造する **名** creation 創造 **副** creatively 独創的に
5 ☐☐ **technical** [téknɪkəl]	**形** 技術の；専門の **名** technician 技術者
6 ☐☐ **amateur** [ǽmətʃʊər] ❶	**形** アマチュアの，素人の **名** アマチュア **反** professional プロの，本職の
7 ☐☐ **beneficial** [bènɪfíʃəl]	**形** 有益な〈to ～に〉 **名** benefit 利益 **類** useful, instructive
8 ☐☐ **platform** [plǽtfɔ:rm]	**名** 機会；プラットフォーム **類** opportunity
9 ☐☐ **recognition** [rèkəgníʃən]	**名** 認知；承認 **動** recognize を認識する **類** acknowledgment
10 ☐☐ **impressive** [ɪmprésɪv]	**形** 印象的な **動** impress に印象づける **名** impression 印象
11 ☐☐ **certification** [sə̀:rtɪfɪkéɪʃən]	**名** 資格；検定；証明 **類** license, qualification

12 ☐☐ **for instance** 	例えば 🔁 for example
13 ☐☐ **proficient** [prəfíʃənt]	形 習熟している〈in, at ～に〉 名 proficiency 習熟度，技能 ● be proficient in ～「～が堪能である」は頻出
14 ☐☐ **evidence** [évɪdəns]	名 証拠〈of ～の〉 形 evident 明白な，明らかな 🔁 proof
15 ☐☐ **dedication** [dèdɪkéɪʃən]	名 献身，専念〈to ～への〉 形 dedicated 献身的な，熱心な 🔁 commitment
16 ☐☐ **expertise** [èkspə(:)rtíːz] ❶	名 専門的知識；専門家の意見 名 expert 専門家 🔁 special knowledge, technical knowledge
17 ☐☐ **candidate** [kǽndɪdèɪt] ❶	名 候補者 🔁 applicant, job seeker ● successful candidate 合格者
18 ☐☐ **prospective** [prəspéktɪv]	形 将来の；見込みのある 🔁 future
19 ☐☐ **typically** [típɪkəli]	副 通常；典型的に 形 typical 典型的な 🔁 usually
20 ☐☐ **annually** [ǽnjuəli]	副 毎年，年に1回 形 annual 年に1回の 🔁 once a year, every year

8 社内異動・役職交代 記事

Press Release: Leadership Transition at Griffin [1]Pharmaceuticals

Griffin Pharmaceuticals, a leading name in the pharmaceutical industry, is set to undergo a significant leadership transition. Effective May 6, the current CEO, Ms. Griffin, will be [2]**stepping down** from her role. David Griffin, the company's [3]**long-standing** [4]**vice president**, has been a key figure in the company's operations for the past two decades, and [5]**is about to** [6]**take over** the CEO position. His extensive experience in managing various [7]**facets** of the company [8]**assures** a smooth transition with minimal immediate changes to the company's strategic [9]**direction**. During his time as vice president, Griffin Pharmaceuticals has reached new heights, reporting record [10]**earnings** and [11]**inspiring** the confidence of its investors.

Further [12]**strengthening** the executive team, Karen Winters, who previously served as the head of [13]**acquisitions**, will [14]**assume** the role of vice president. Winters has [15]**been instrumental in** expanding the company's portfolio through [16]**a series of** acquisitions, including the successful [17]**integration** of GFT Pharma and Vance Medicines, both of which have significantly added to the company's profitability.

In an upcoming appearance on the popular program *Business Landscapes*, David Griffin is expected to discuss his plans for Griffin Pharmaceuticals. His [18]**insights** will provide valuable perspectives on the company's direction under his leadership. Griffin Pharmaceuticals would like to take this opportunity to [19]**reassure** customers and investors that it will continue its [20]**legacy** as a pioneer in the pharmaceutical industry.

🏴󠁧󠁢󠁥󠁮󠁧󠁿 (230 words)

報道発表：Griffin[1]製薬におけるトップの交代

製薬業界内で一流企業である Griffin 製薬では，この度重大なトップの交代が行われる。5 月 6 日付で現 CEO の Griffin 氏が現役職から[2]退任する。[3]長年[4]副社長を務めてきた David Griffin は，過去 20 年間にわたり同社の運営に携わってきた重要人物で，CEO の座[6]を引き継ご[5]うとしている。会社のさまざまな[7]面を管理してきた彼の豊富な経験は，会社の戦略的[9]方向性に対する当面の変更を最小限に抑え，スムーズな移行[8]を保証するものである。彼が副社長を務めていた間，Griffin 製薬は新たな高みに到達し，記録的な[10]収益を報告し，投資家に信頼の念[11]を起こさせた。

より一層経営陣[12]を強化し，これまで[13]買収部門の責任者を務めていた Karen Winters が副社長の役職[14]に就任する。Winters は，GFT 製薬と Vance 薬品の成功を収めた[17]合併を含む，[16]一連の買収を通じた同社のポートフォリオの拡大[15]に役立ってきた。これらの企業は共に，同社の収益性を大きく向上させた。

人気ビジネス番組『ビジネス景観』に近日出演予定の David Griffin は，Griffin 製薬の計画について語る予定だ。彼の[18]洞察は，彼のリーダーシップの下での会社の方向性について貴重な視点を提供するだろう。Griffin 製薬はこの機会に，製薬業界のパイオニアとしての[20]遺産を継承していくことを，顧客と投資家[19]に再確認したいと考えている。

同格のカンマ

前の言葉に対して説明を加える時に使う同格のカンマは，TOEIC 頻出です。Griffin Pharmaceuticals, a leading name のカンマ，the current CEO, Mr. Griffin のカンマ，David Griffin, the company's long-standing vice president のカンマ，これらすべてが同格のカンマにあたります。関係をさっと理解できるよう訓練しておきましょう。

1 ☐☐ **pharmaceutical** [fɑ̀ːrməsúːṭɪkəl]	名 (通例 -s) 製薬会社 形 製薬の，薬剤の 名 pharmacy 薬局
2 ☐☐ **step down**	退任する 🔁 retire, leave ● 「階段を下りる」イメージ
3 ☐☐ **long-standing** [lɔ̀(ː)ŋstǽndɪŋ]	形 長年にわたる，積年の 🔁 continuing
4 ☐☐ **vice president**	副社長
5 ☐☐ **be about to** *do*	まさに〜するところだ
6 ☐☐ **take over**	〜を引き継ぐ ● take over the job of 〜 〜の役を引き継ぐ
7 ☐☐ **facet** [fǽsɪt]	名 面；様相 ● cf. faucet 蛇口
8 ☐☐ **assure** [əʃúər]	動 を保証する 名 assurance 保証；確信 🔁 guarantee
9 ☐☐ **direction** [dərékʃən]	名 方向性；指揮；(通例 -s) 説明（書） 動 形 direct 案内する；まっすぐな
10 ☐☐ **earnings** [ə́ːrnɪŋz]	名 収益；所得，給料 🔁 profit
11 ☐☐ **inspire** [ɪnspáɪər] ❶	動 （感情・思考）を起こさせる；に刺激を与える 名 inspiration 刺激となる人・もの；インスピレーション 🔁 stimulate

12 ☐☐ **strengthen** [stréŋkθən]	動 を強化する 名 strength 力；長所 ⇄ weaken を弱める
13 ☐☐ **acquisition** [ækwɪzíʃən]	名 買収〈of ～の〉；（知識や技能の）獲得 動 acquire を買収する；を習得する 🔁 purchase
14 ☐☐ **assume** [əsjúːm]	動 （役目や責任）を引き受ける；を本当だと思う
15 ☐☐ **be instrumental in ～**	～に貢献する，～に役立つ ● instrumental は「手段になる，助けになる」を意味する形容詞
16 ☐☐ **a series of ～**	一連の～
17 ☐☐ **integration** [ìnṭəgréɪʃən]	名 合併，統合 動 integrate を統合する 🔁 merger, consolidation ⇄ separation 分離，分割
18 ☐☐ **insight** [ínsàɪt] ❶	名 洞察，見識 形 insightful 洞察力のある
19 ☐☐ **reassure** [rìːəʃʊ́ər]	動 に再確認する；（人）を安心させる
20 ☐☐ **legacy** [légəsi]	名 遺産；受け継がれたもの 🔁 inheritance

求人・勤務

8

9 フレックスタイム制 会話

M: Hi, Ms. Hoffman. At today's meeting, it was decided that the company will be ¹**switching** to a ²**flexible working hours** system. The office will be open seven days a week, ³**allowing** the option to work according to your own schedule, as well as on weekends ⁴**instead of** regular weekdays. This change will ⁵**take effect** next month.

W: That sounds interesting. Will there ever be a certain time when it's mandatory to come to work?

M: We've ⁶**considered** that. To ensure smooth ⁷**internal** communication, all employees will be ⁸**required to** come to work at least one weekday for the regular hours of 9 A.M. to 6 P.M.

W: I see. Will there be changes to our salary?

M: No, the company plans to maintain the current pay structure. We're ⁹**installing** special software on all computers to ¹⁰**keep track of** hours worked. Those in customer service will need to self-report their hours.

W: How about people in supervisory roles? We're not on our computers as much as other staff members.

M: Managers will be ¹¹**evaluated** on an ¹²**outcome-based** system, which ¹³**focuses on** how well they ¹⁴**achieved** their ¹⁵**objectives** along with their key results. If you meet your targets, the ¹⁶**exact** number of hours worked won't be as crucial.

W: Will new ¹⁷**hires** also be able to choose their schedule?

M: Well, they may still have mandatory hours ¹⁸**stipulated** in their contracts. We'll ¹⁹**clarify** everything in an upcoming meeting after we've ²⁰**worked out** the details.

M: 🇨🇦 W: 🇬🇧 (234 words)

M：こんにちは，Hoffman さん。今日の会議で，会社が ²**フレックスタイム**制に ¹**移行する**ことが決まりました。オフィスは週 7 日制になり，自分のスケジュールに合わせて働く選択肢，また通常の平日勤務 ⁴**の代わりに**週末に働く選択肢 ³**が可能**になります。この変更は来月から ⁵**実施されます**。

W：それは面白そうですね。出勤が義務づけられる一定の時間はあるのですか。

M：そのことについて ⁶**慎重に**考えました。⁷**社内の**コミュニケーションを円滑にするため，全従業員は少なくとも平日のうち 1 日，午前 9 時から午後 6 時までの定時出社すること ⁸**が求められます**。

W：なるほど。給料に変化はありますか。

M：いいえ，会社は現在の給与体系を維持する予定です。すべてのコンピューターに労働時間 ¹⁰**を記録する**ための特別なソフト ⁹**をインストールします**。顧客サービスに関わる人は勤務時間を自己申告する必要があります。

W：監督職の人はどうですか。私たちは他のスタッフほどコンピューターを使っていません。

M：管理職は ¹²**成果主義制度で** ¹¹**評価され**，主要な成果とともにどれだけ ¹⁵**目標** ¹⁴**を達成したか** ¹³**が重視されます**。目標を達成すれば，¹⁶**正確な**労働時間はそれほど重要でなくなります。

W：新入 ¹⁷**社員**もスケジュールを選べるのですか。

M：そうですね，彼らは契約書に ¹⁸**明記されている**強制労働時間があるかもしれません。詳細 ²⁰**を決めたら**，次回の会議ですべて ¹⁹**を明らかにします**。

1 ☐☐ **switch** [swɪtʃ]	動 変更する，切り替える 名 スイッチ ● switch from *A* to *B*「A から B へ切り替える」も頻出
2 ☐☐ **flexible working hours**	フレックスタイム（制），自由勤務時間（制）
3 ☐☐ **allow** [aláʊ] ❶	動 を可能にする
4 ☐☐ **instead of ～**	～の代わりに 冒 rather than
5 ☐☐ **take effect**	実施される 冒 come into force, become operative
6 ☐☐ **consider** [kənsídər] ❶	動 をよく考える 名 consideration 熟考；思いやり 冒 ponder
7 ☐☐ **internal** [ɪntə́ːrnəl] ❶	形 社内の；国内の；内部の 副 internally 内部に；国内的に　⇄ external 外部の ● internal meeting 社内会議
8 ☐☐ **require *A* to *do***	A に～するよう要求する
9 ☐☐ **install** [ɪnstɔ́ːl]	動 をインストールする；を取り付ける 名 installation インストール；取り付け ⇄ uninstall をアンインストールする，を取り外す
10 ☐☐ **keep track of ～**	～の記録をつける 冒 track, record
11 ☐☐ **evaluate** [ɪvǽljuèɪt]	動 を評価する 名 evaluation 評価 冒 assess, appraise

12 ☐☐ **outcome-based** [ávtkʌmbèɪst] ❶	形 成果主義の ↔ process-based 過程主義の
13 ☐☐ **focus on ～**	～を重点的に取り扱う；～に集中する 同 concentrate on ～
14 ☐☐ **achieve** [ətʃíːv]	動 を達成する 名 achievement 達成　同 accomplish, attain ● achieve *one's* goal 目標を達成する
15 ☐☐ **objective** [əbdʒéktɪv] ❶	名 目標；目的 形 客観的な 同 goal
16 ☐☐ **exact** [ɪgzǽkt]	形 正確な，正しい 副 exactly 正確に，（間投詞的に用いて）その通り ↔ approximate おおよその
17 ☐☐ **hire** [háɪ ər]	名 従業員；雇用 動 を雇う 同 employee
18 ☐☐ **stipulate** [stípjulèɪt]	動 を規定する，を明記する 同 specify, state
19 ☐☐ **clarify** [klǽrəfàɪ]	動 を明らかにする 名 clarification 明確化　名 clarity 明快さ
20 ☐☐ **work out**	（計画など）を作成する ● work out「体を鍛える」の意味も

求人・勤務

10 リモートワーク 説明

Good morning, everyone. As you know, our lease will **¹run out** in June and our **²current** building will be demolished. We've **³secured** a new office, but the **⁴relocation** won't be complete until mid-August. So, we're shifting to remote work **⁵temporarily**.

First, each of you will receive a **⁶company-issued** laptop. For security reasons, accessing our server should only be done through the designated company laptops. Using personal devices or unauthorized equipment **⁷poses** potential risks. We want to ensure a secure and **⁸seamless** remote working experience for everyone. Your cooperation in adhering to this security **⁹measure** is greatly appreciated.

So that employees can **¹⁰catch up with** each other in person, we'll have **¹¹weekly** meetings face-to-face every Monday at 10 A.M. These will be held in a rented room in Geraldton Business Center, near Beaumont Station. Attendance is mandatory for everyone. After this meeting, you can stay in the room to work until 7 P.M. if you want.

If you need to meet a client, you can use the same location. You can reserve rooms online, and charges will automatically be **¹²billed** to our company account each month. There's no need to **¹³obtain** **¹⁴permission** for these bookings. **¹⁵Naturally**, you will need to prepare any **¹⁶refreshments** **¹⁷on your own**.

That's all for now. Any questions?

🇺🇸 (211 words)

皆さん，おはようございます。ご存知の通り，当社の賃貸契約は6月で¹切れることになり，²現在のビルは取り壊されることになりました。新しいオフィス³を確保しましたが，⁴移転は8月中旬まで完了しない見込みです。そこで，⁵一時的にリモートワークに移行します。

まず，各自に⁶会社支給のノートパソコンをお渡しします。セキュリティ上の理由から，当社のサーバーへのアクセスは，指定された会社のノートパソコンからのみ行ってください。個人所有のデバイスや未承認の機器を使用することは潜在的なリスク⁷をもたらします。私たちは全員が安全で⁸シームレスなリモートワークを体験できるようにしたいと考えています。このセキュリティ⁹対策にご協力をお願いします。

社員同士で直接¹⁰情報交換ができるように，毎週月曜日の午前10時に¹¹週例の会議を対面形式で開きます。これらはボーモント駅近くのGeraldtonビジネスセンターの一室を借りて開催されます。全員の参加が必須です。この会議の後，希望者は午後7時まで部屋に残って仕事をすることができます。

クライアントとの打ち合わせが必要な場合は，同じ場所をご利用いただけます。オンラインで部屋を予約し，料金は毎月自動的に弊社の口座¹²に請求されます。これらの予約に¹⁴許可¹³を得る必要はありません。¹⁵もちろん，¹⁶軽食などは¹⁷各自でご用意ください。

今日のところは以上です。何か質問はありますか。

リモートワーク

1 ☐☐ **run out**	（契約などが）切れる；（食料などが）尽きる 📖 expire
2 ☐☐ **current** [kə́:rənt]	形 現在の 📖 present　⇄ past 過去の
3 ☐☐ **secure** [sɪkjúər] ❶	動 を確保する 形 不安のない；安定した 副 securely きつく；安全に
4 ☐☐ **relocation** [rìːləkéɪʃən]	名 移転 動 relocate を移転させる；移転する
5 ☐☐ **temporarily** [tèmpərérəli] ❶	副 一時的に 形 temporary 一時的な　⇄ permanently 永久に ● temporarily closed 一時的に閉まっている
6 ☐☐ **company-issued** [kʌ́mpəniìʃuːd]	形 会社支給の ● company-issued smartphone 会社支給のスマホ
7 ☐☐ **pose** [pouz]	動 を引き起こす；ポーズを取る 名 ポーズ
8 ☐☐ **seamless** [síːmləs]	形 シームレスの；途切れることのない ● seam「縫い目」が -less「ない」という意味
9 ☐☐ **measure** [méʒər] ❶	名 対策；基準　動 を測る 名 measurement 測定；（通例 -s）寸法 形 measured 正確に測定した
10 ☐☐ **catch up with ～**	～に追い付く 📖 keep up with ～
11 ☐☐ **weekly** [wíːkli]	形 週に1回の，週例の 副 毎週

12 ☐☐ **bill** [bɪl]	動 に請求する 名 請求書；勘定
13 ☐☐ **obtain** [əbtéɪn]	動 を得る 形 obtainable 入手可能な 自 get
14 ☐☐ **permission** [pərmíʃən]	名 許可 動 名 permit を許可する；許可書 ● without permission 許可なしで
15 ☐☐ **naturally** [nætʃərəli]	副 もちろん，当然のことながら 形 natural 自然の 自 of course
16 ☐☐ **refreshment** [rɪfréʃmənt]	名 (通例 -s) 軽食，軽い飲食物 自 light meal, snack
17 ☐☐ **on *one's* own**	自分で 自 by *oneself*

確認テスト

（解答：p.232）

1 次の日本語の意味の単語を下の**❶** 〜 **⑯**の中から選びなさい。

（1）緊急事態	（	）
（2）完璧に	（	）
（3）を規定する	（	）
（4）受付	（	）
（5）開始の	（	）
（6）手当	（	）
（7）複雑な	（	）
（8）応募	（	）
（9）代わりに	（	）
（10）許可	（	）
（11）仮の	（	）
（12）資格	（	）
（13）有益な	（	）
（14）目標	（	）
（15）全体の	（	）
（16）買収	（	）

❶ objective	❷ inaugural	❸ reception	❹ stipulate
❺ application	❻ temporary	❼ allowance	❽ instead
❾ acquisition	❿ informative	⓫ emergency	⓬ entire
⓭ permission	⓮ flawlessly	⓯ certification	⓰ complicated

2 次の単熟語の意味に最も近いものをそれぞれ ❶ ～ ❹ の中から 1 つ選びなさい。

（1） ponder
　❶ approach
　❸ reveal
　❷ consider
　❹ monitor

（2） busy
　❶ organizational
　❸ motivated
　❷ exact
　❹ engaged

（3） responsibility
　❶ instruction
　❸ role
　❷ element
　❹ proficiency

（4） exceptional
　❶ outstanding
　❸ unrelated
　❷ competitive
　❹ vacant

（5） snack
　❶ legacy
　❸ refreshment
　❷ enthusiasm
　❹ storage

（6） retire
　❶ fill out
　❸ take affect
　❷ catch up with ～
　❹ step down

（7） job seeker
　❶ candidate
　❸ attendant
　❷ supervision
　❹ enrollment

（8） crucial
　❶ pivotal
　❸ notable
　❷ capable
　❹ impressive

（9） for business
　❶ central
　❸ seamless
　❷ prospective
　❹ commercial

（10） cutting edge
　❶ insight
　❸ forefront
　❷ relocation
　❹ aspect

（11） apparently
　❶ relatively
　❸ naturally
　❷ seemingly
　❹ suitably

（12） advantage
　❶ responsibility
　❸ asset
　❷ measure
　❹ evidence

解答

1 （1）⑪ emergency （→ p.201）　（2）⑭ flawlessly （→ p.205）

（3）④ stipulate （→ p.225）　（4）❸ reception （→ p.208）

（5）❷ inaugural （→ p.204）　（6）❼ allowance （→ p.193）

（7）⑯ complicated （→ p.192）　（8）❺ application （→ p.196）

（9）❽ instead （→ p.212）　（10）⑬ permission （→ p.229）

（11）❻ temporary （→ p.213）　（12）⑮ certification （→ p.216）

（13）⑩ informative （→ p.209）　（14）❶ objective （→ p.225）

（15）⑫ entire （→ p.208）　（16）❾ acquisition （→ p.221）

2 （1）❷ consider （→ p.224）

（2）④ engaged （→ p.212）

（3）❸ role （→ p.197）

（4）❶ outstanding （→ p.192）

（5）❸ refreshment （→ p.229）

（6）④ step down （→ p.220）

（7）❶ candidate （→ p.217）

（8）❶ pivotal （→ p.204）

（9）④ commercial （→ p.200）

（10）❸ forefront （→ p.193）

（11）❷ seemingly （→ p.208）

（12）❸ asset （→ p.205）

メディア・宣伝・アナウンス

1 テレビドラマに関する宣伝 ……………………………… 234
2 3企業のコラボ店舗がオープン ………………………… 238
3 SNSキャンペーン ……………………………………… 242
4 最新式の家電紹介 ……………………………………… 246
5 サマーセールのアナウンス …………………………… 250
6 成功者のプロフィール ………………………………… 254
7 ARソフトの宣伝 ………………………………………… 258
8 科学館でのクラウドファンディング ………………… 262
9 受講コースのレビュー ………………………………… 266
10 イマーシブシアターのレビュー ……………………… 270

確認テスト …………………………………………………… 274

メディア・宣伝・アナウンス

1 テレビドラマに関する宣伝 広告

Lions in the Kitchen: A Story of [1]**Wildlife** and **Willpower***

Experience an [2]**extraordinary** journey with the upcoming original Streamflik series, *Lions in the Kitchen*. [3]**Based on** a remarkable true story this drama takes you deep into the center of Africa, where passion for wildlife conservation meets the challenges of reality.

The series [4]**portrays** the Griffiths family's brave [5]**venture** to [6]**transform** a vast African property **into** a wildlife preserve. Audiences will be [7]**fascinated** by their [8]**persistent** efforts to provide a home for [9]**endangered** animals. The high costs of maintaining this property [10]**form** the central [11]**plotline** of the show's drama. The Griffiths family's creative and exciting [12]**fundraising** activities promise to keep viewers [13]**glued to** the screen.

[14]**Expectations** for *Lions in the Kitchen* are high due to the [15]**involvement** of a team of industry veterans. The series is directed by the [16]**acclaimed** Dan Cartman, whose previous work, *Sky High Crew*, a comedic story of high schoolers [17]**aspiring to** [18]**scale** Mount Everest, earned the highest [19]**viewership** in Streamflik history.

In a statement, Dan Cartman expressed gratitude towards Streamflik, saying, "Working on *Lions in the Kitchen* has been an incredible experience. Streamflik's [20]**unwavering** support has been instrumental in bringing this vision to life. I am confident it will [21]**surpass** the success of *Sky High Crew*." With a budget of $300 million, this will be one of the most expensive miniseries ever produced. This [22]**ambitious** project is set to create a new approach to television drama.

🇨🇦 (240 words)

*willpower 意志力，自制力

『台所のライオン』：[1]野生動物と意志力の物語

Streamflik の来たるオリジナルシリーズ『台所のライオン』で [2]驚異の旅を体験しましょう。驚くべき実話 [3]に基づくこのドラマは，野生動物保護への情熱と現実という困難が交錯するアフリカの奥深くへとあなたを誘います。

このシリーズは，アフリカの広大な土地を野生動物保護区 [6]に変えようとする Griffiths 一家の勇敢な [5]冒険的事業 [4]を描いています。[9]絶滅の危機に瀕した動物たちに住処を提供しようとする彼らの [8]たゆまぬ努力に，視聴者は [7]魅了されることでしょう。この土地の維持にかかる高額な費用が，この番組のドラマの中心的な [11]筋書き [10]を形成しています。Griffiths 一家の独創的で心躍るような [12]募金活動は，視聴者がスクリーンに [13]釘付けになることを約束します。

『台所のライオン』への [14]期待は，業界に経験豊富なチームが [15]関わっていることから高いです。このシリーズを監督するのは，[16]高い評価を得ている Dan Cartman で，彼の前作『空高い仲間』は，エベレスト [18]登頂 [17]を目指す高校生たちの喜劇物語で，Streamflik 史上最高の [19]視聴率を獲得しました。

声明の中で，Dan Cartman は Streamflik への感謝の意を表明し，「『台所のライオン』への取り組みは信じられないような経験でした。Streamflik の [20]揺るぎない支援と財産は，このビジョンを実現する上で大きな力となりました。『空高い仲間』の成功 [21]を超えるだろうと確信しています」と述べました。予算は 3 億ドルで，これまでに制作されたミニシリーズの中でも最も高額なものの 1 つとなる予定です。この [22]野心的なプロジェクトは，テレビドラマへの新たな手法を生み出すことになるでしょう。

1 ☐☐ **wildlife** [wáɪldlàɪf] ❶	**名** 野生動物
2 ☐☐ **extraordinary** [ɪkstrɔ́ːrdənèri] ❶	**形** 驚くべき，並外れた **≒** incredible **⇄** ordinary ありふれた，平凡な
3 ☐☐ **(be) based on ～**	～に基づいている
4 ☐☐ **portray** [pɔːrtréɪ] ❶	**動** を描く **≒** describe
5 ☐☐ **venture** [véntʃər]	**名** 冒険的事業
6 ☐☐ **transform _A_ into _B_**	A を B に変える **≒** change _A_ into _B_ ● trans-（別の状態へ）+ form（形作る）ことから
7 ☐☐ **fascinate** [fǽsɪnèɪt]	**動** を魅了する **名** fascination 魅了 **形** fascinating 魅力的な **副** fascinatingly 魅力的に
8 ☐☐ **persistent** [pərsístənt]	**形** 根気強い，持続性の **動** persist 固執する **副** persistently 根気強く，たゆまず
9 ☐☐ **endangered** [ɪndéɪndʒərd]	**形** 絶滅の危機にさらされた **動** endanger を危険にさらす ● endangered species 絶滅危惧種
10 ☐☐ **form** [fɔːrm]	**動** を形作る **名** 形，形状 **名** formation 構成，編成 **形** formed 形成された
11 ☐☐ **plotline** [plɑ(ː)tlàɪn]	**名** （小説・劇などの）筋 **≒** plot

12 □□ **fundraising** [fándrèɪzɪŋ]	**名** 資金募集 **名** fundraiser 資金集めのための催し ● fundraising activity 募金活動
13 □□ **(be) glued to ～**	～に夢中になる，～に釘付けになる
14 □□ **expectation** [èkspektéɪʃən]	**名** 期待 **動** expect を予期する　**形** expected 期待された
15 □□ **involvement** [ɪnvá(:)lvmənt]	**名** 関与 **動** involve を巻き込む　**形** involved 関係している
16 □□ **acclaimed** [əkléɪmd]	**形** 称賛されている **動** acclaim を称賛する　**名** acclamation 大喝采
17 □□ **aspire to *do***	～することを切望する **目** aim to *do*, strive to *do*
18 □□ **scale** [skeɪl]	**動** を登る **名** 段階，階級
19 □□ **viewership** [vjuːərʃɪp]	**名** 視聴率 **目** viewing rating
20 □□ **unwavering** [ʌnwéɪvərɪŋ]	**形** 不動の **副** unwaveringly 動揺せずに
21 □□ **surpass** [sərpǽs]	**動** を超える ● sur-（上を）＋ pass（超える）ことから
22 □□ **ambitious** [æmbíʃəs]	**形** 野心のある **副** ambitiously 野心的に

メディア・宣伝・アナウンス

❷ 3企業のコラボ店舗がオープン 記事

Three Businesses Merge into a Single Storefront

Manchester (June 3)—In an innovative move, three prominent Manchester businesses — Halpert Furniture [1]**Emporium**, Musgrave Art Gallery, and Venicia Coffee House — are joining [2]**forces**. By combining their operations into a single store, they [3]**aim to** boost product [4]**exposure** and reduce operating costs. The businesses, previously neighbors, will now [5]**coexist** under one roof, with Musgrave Art Gallery's expansive space serving as the new location.

Geoff Musgrave, the [6]**spokesperson** for this [7]**collaborative** venture, [8]**elaborated** on the [9]**strategy**. "Our goal is to create a unique shopping and leisure experience. By sharing a single location, we not only save on expenses but also offer our customers a diverse range of products and services in one visit," he [10]**stated**. The [11]**formula** for expense [12]**distribution** has been [13]**meticulously** [14]**crafted**. Given the higher operational costs of the café, it will pay a greater share of the utilities and maintenance fees.

The arrangement benefits all [15]**parties**. The café's patrons [16]**are likely to** purchase furniture and artwork while enjoying their coffee. In recognition of this, a small [17]**commission** from such sales will be [18]**credited** to the café.

To make this transition smooth, all three [19]**establishments** will close for three weeks in July. This break will facilitate the move and allow for the café's infrastructure to be installed. This venture is sure to [20]**inspire** other businesses in Manchester **to** consider similar [21]**collaborations**.

🇬🇧 (229 words)

3つの企業が1つの店舗に合併

マンチェスター（6月3日）—Halpert家具 [1]商店，Musgraveアートギャラリー，Veniciaコーヒーハウスというマンチェスターの3つの著名な企業が，革新的な動きで [2]力を結集することになった。それぞれの事業を1つの店舗に統合することで，商品の [4]露出度を高め，運営コストを削減 [3]するのが [狙い]だ。以前は隣同士であったこれらの企業はMusgraveアートギャラリーの広大なスペースを新たな場として，1つ屋根の下で [5]共存することになる。

この [7]共同事業の [6]広報担当者であるGeoff Musgraveは，この [9]戦略について [8]詳しく語った。「私たちの目標は，唯一無二のショッピングとレジャー体験を創造することです。1つの場所を共有することで，経費を節約するだけでなく，一度の訪問で多様な種類の商品やサービスをお客さまに提供することができます」と彼は [10]述べた。経費 [12]配分の [11]方法は [13]綿密に [14]練られている。カフェのより高い運営費を考えると，公共料金や維持費の負担がより大きくなる。

この協定はすべての [15]関係者に利益をもたらす。カフェの常連客は，コーヒーを楽しみながら家具やアート作品を購入 [16]する可能性が高い。この報酬として，その形での売り上げから少額の [17]手数料がカフェ [18]に支払われる。

この移行を順調にするため，3つの [19]施設ともすべて7月に3週間休業する予定だ。この休みは，移転を容易にし，カフェのインフラを設置することを可能にする。この冒険的事業は，マンチェスターの他の企業が同様の [21]協力を検討 [20]するよう鼓舞するに違いない。

3企業のコラボ店舗がオープン

1 □□ **emporium** [empɔ́ːriəm]	名 商店 store, shop
2 □□ **force** [fɔːrs]	名 力　動 を強いる 形 forced 強制された　副 forcedly 強制的に power
3 □□ **aim to *do***	～することを目指す aspire to *do*, strive to *do*
4 □□ **exposure** [ɪkspóʊʒər]	名 さらすこと 動 expose をさらす　形 exposed さらされた
5 □□ **coexist** [kòʊɪgzíst]	動 共存する〈with ～と〉 名 coexistence 共存　形 coexistent 共存する
6 □□ **spokesperson** [spóʊkspɜ̀rsən]	名 代弁者 representative ● spokesman[woman] のように性別を限定することを避けた言い方
7 □□ **collaborative** [kəlǽbərèɪt̬ɪv]	形 共同制作の 動 collaborate 協力する　副 collaboratively 協力して
8 □□ **elaborate** [ɪlǽbərət] ❶	動 詳しく述べる〈on ～について〉
9 □□ **strategy** [strǽt̬ədʒi] ❶	名 戦略 形 strategic 戦略の　副 strategically 戦略的に
10 □□ **state** [steɪt]	動 をはっきり述べる 名 状態 名 statement 請求書, 報告書；声明
11 □□ **formula** [fɔ́ːrmjʊlə]	名 方法, 解決策；公式 procedure, method

12 ☐☐ **distribution** [dìstrɪbjúːʃən]	**名** 配分，配布 **動** distribute を分配する　**名** distributor 分配する人 **形** distributive 分配の
13 ☐☐ **meticulously** [mətíkjʊləsli]	**副** 非常に注意深く **形** meticulous 細部に気を配った
14 ☐☐ **craft** [kræft]	**動** を精巧に作る **名** 手工芸（品） **名** craftsperson 職人
15 ☐☐ **party** [páːrṭi]	**名** 関係者；集まり，パーティー
16 ☐☐ **be likely to *do***	～しそうである **⇔** be unlikely to *do* ～することがありそうもない
17 ☐☐ **commission** [kəmíʃən]	**名** 手数料　**動** を依頼する ● 動詞では commission *A* to *do*「*A* に～するよう依頼する」の形で頻出
18 ☐☐ **credit** [krédət]	**動** に代金を振り込む；を信じる **名** 信用；功績
19 ☐☐ **establishment** [ɪstǽblɪʃmənt]	**名** 施設；設立 **動** establish を設立する **形** established 設立された；常設の
20 ☐☐ **inspire *A* to *do***	*A* を奮起させて～させる
21 ☐☐ **collaboration** [kəlæbəréɪʃən]	**名** 協力，協同 **動** collaborate 協力する　**副** collaboratively 協力して

3 SNS キャンペーン 広告

Let's talk **¹briefly** about something that's changed my life recently. I have a super busy lifestyle. I'm always trying to **²balance** work, **³workouts**, and my personal life. Sometimes, I don't have time to put together meals to maintain a nutritious **⁴diet**. That's why I'm excited to **⁵introduce** you **to** A1 BioFuel's protein shake – your mealtime lifesaver!

Crafted right here in California by a dynamic husband-and-wife duo, both expert **⁶nutritionists** with experience serving major local sports teams like the California Cyclones FC and the Golden State Warriors, this shake is more than just a **⁷quick fix**. A1 BioFuel's protein shake is the perfect blend of **⁸convenience** and health. Each serving, priced at an **⁹unbeatable** $1.50, is packed with essential vitamins and nutrients, ensuring you stay **¹⁰energetic** and healthy throughout the day.

I have to tell all of you about a special event. Starting this month, A1 BioFuel is conducting a social media promotion campaign! Follow A1 BioFuel on social media and share with your followers a picture of your protein shake and what you think about the **¹¹purchased** items. By doing so, you will be **¹²entered** in a **¹³drawing** to **¹⁴win** a shaker bottle with a **¹⁵limited** design. This campaign will last until the end of April.

Give A1 BioFuel's protein shake a try and transform your meal routine today – it's quick, **¹⁶portable**, **¹⁷affordable**, and **¹⁸incredibly** healthy. Don't you wish you had a healthier, **¹⁹hassle-free** lifestyle?

(235 words)

最近，私の生活を変えたものについて ¹簡単にお話しします。私は超多忙なライフスタイルを送っています。いつも仕事や ³トレーニング，私生活 ²のバランスを取ろうとしています。時には，栄養価の高い ⁴食生活を維持できるような食事を作る時間がないこともあります。だからこそ，食事時間の救世主である，A1 BioFuel のプロテインシェイクを皆さん ⁵にご紹介できることをうれしく思います！

まさにここカリフォルニアで活動的な夫妻コンビによって作られ，２人はどちらともカリフォルニア Cyclones FC や Golden State Warriors など，地元の主要スポーツチームにサービスを提供した経験を持つ専門 ⁶栄養士ですから，このシェイクは単なる ⁷間に合わせ以上のものです。A1 BioFuel のプロテインシェイクは，⁸利便性と健康の完璧な融合です。１杯１ドル 50 セントという ⁹破格のお値段で，必須ビタミンと栄養素がぎゅっと詰まっており，１日中 ¹⁰活力に満ちて健康的な状態を保つことを保証します。

皆さんに特別なイベントについてお伝えしなければなりません。今月から，A1 BioFuel はソーシャルメディア販売促進キャンペーンを実施しています！ ソーシャルメディアで A1 BioFuel をフォローし，プロテインシェイクの写真と ¹¹購入した商品の感想をフォロワーに共有してください。そうすることで，¹⁵限定デザインのシェーカーボトル ¹⁴が当たる ¹³抽選 ¹²にエントリーされます。このキャンペーンは４月末まで続く予定です。

A1 BioFuel のプロテインシェイクを試して，今日，あなたの食事の日課を変えましょう。手軽で，¹⁶持ち運びしやすく，¹⁷手頃な価格で，¹⁸驚くほど健康的です。もっと健康的で，¹⁹手間のかからないライフスタイルを手に入れたいと思いませんか。

---

1 ☐☐
briefly
[bríːfli]

副 手短に，簡潔に
形 brief 簡潔な
📖 shortly

---

2 ☐☐
balance
[bǽləns] ❶

動 のバランスを保たせる
名 均衡，バランス
形 balanced つり合いのとれた

---

3 ☐☐
workout
[wə́rkàut]

名 トレーニング，練習
📖 exercise, training

---

4 ☐☐
diet
[dáɪət]

名 食生活，食習慣；食事

---

5 ☐☐
introduce *A* to *B*

A を B に紹介する

---

6 ☐☐
nutritionist
[njuːtríʃənɪst]

名 栄養士
名 nutrition 栄養　形 nutritious 栄養のある
● 接尾辞の -ist は「人」を表す

---

7 ☐☐
quick fix

間に合わせの解決，応急処置
● fix には名詞で「解決策」という意味がある

---

8 ☐☐
convenience
[kənvíːniəns]

名 利便性
形 convenient 便利な　副 conveniently 便利に
↔ inconvenience 不便さ

---

9 ☐☐
unbeatable
[ʌnbíːtəbl]

形 （他に負けないくらい）素晴らしい，最高の
📖 competitive

---

10 ☐☐
energetic
[ènərdʒétɪk] ❶

形 活力に満ちた，精力的な
名 energy エネルギー，活力　副 energetically 精力的に

---

11 ☐☐
purchase
[pə́ːrtʃəs] ❶

動 を購入する
名 購入；購入品
名 purchaser 購買者　📖 buy

12 ☐☐ **enter** [éntər]	**動** にエントリーする；に入る **名** entry 参加　**名** entrant 参加者 **名** entrance 入会；入り口
13 ☐☐ **drawing** [drɔ́:ɪŋ]	**名** 抽選，くじ引き；引くこと **動 名** draw を引く；引くこと
14 ☐☐ **win** [wɪn]	**動** （賞品など）を勝ち取る；勝つ　**名** 勝利 **名** winner 受賞者；勝者 **⇔** lose （賞）をとり損なう；（試合など）に負ける
15 ☐☐ **limited** [límətɪd]	**形** 限られた **動 名** limit を制限する；限界
16 ☐☐ **portable** [pɔ́:rṭəbl]	**形** 持ち運びに便利な **名** portability 携帯性
17 ☐☐ **affordable** [əfɔ́:rdəbl]	**形** 購入しやすい **動** afford を持つ余裕がある　**副** affordably 手頃な価格で
18 ☐☐ **incredibly** [ɪnkrédəbli]	**副** 信じられないほど **形** incredible 信じられない
19 ☐☐ **hassle-free** [hǽslfrì:]	**形** 困難のない，心配のない ● hassle には「困難, わずらわしいこと」という名詞の意味がある

4 最新式の家電紹介 広告

Introducing the SmartOffice Refrigerator

Are you tired of the [1]**messy**, [2]**unorganized** state of your office kitchen? Our newly launched SmartOffice refrigerator is here to revolutionize your office kitchen experience.

Designed specifically for office environments, this state-of-the-art refrigerator features unique shelves with digital labels, allowing for personal or departmental assignment. Say goodbye to mix-ups and [3]**misplaced** items! Moreover, its adaptable door opens both left and right, [4]**effortlessly** accommodating the diverse needs of your staff.

One of the [5]**standout** features is the built-in ice [6]**dispenser**, [7]**directly** connected to the water supply. This [8]**innovation** [9]**eliminates** the hassle of constantly filling ice trays, ensuring a [10]**steady** supply of ice for your team's needs. Additionally, the shelves and storage [11]**compartments** are [12]**entirely** [13]**removable**, [14]**simplifying** the cleaning process.

Notably, this model does not include a crisper* for storing produce and has a very [15]**compact** freezer. The design choice [16]**maximizes** space in the main section, ideal for storing common lunch items.

The refrigerator's exterior [17]**boasts** a [18]**sleek**, stainless-steel finish, so it blends into any office décor while offering easy maintenance and [19]**durability**. It has good [20]**insulation**, making it an economical choice for businesses that [21]**are conscious of** energy.

[22]**Invest** in the SmartOffice refrigerator – the perfect blend of functionality, convenience, and innovation for your office kitchen.

🇬🇧 (208 words)

*crisper（冷蔵庫内の）野菜室

SmartOffice 冷蔵庫のご紹介

[1]散らかって，[2]整理整頓されていないオフィスのキッチンの状況にうんざりしていませんか。新しく発売された SmartOffice 冷蔵庫が，オフィスのキッチン体験に革命を起こします。

オフィス環境に特化して設計されたこの最新式の冷蔵庫は，デジタルラベル付きの珍しい棚が特徴で，個人または部門ごとに割り当てることができます。品物の取り違えや[3]置き間違えとはおさらばです！ さらに，その融通のきくドアは左右両方に開き，社員の多様なニーズに[4]楽々と対応します。

[5]優れた特徴の1つは，給水口に[7]直結した内蔵アイス[6]ディスペンサーです。この[8]革新により，絶えず製氷皿に水を入れる手間[9]が省け，社員のニーズに合わせた[10]安定した氷の供給が保証されます。さらに，棚と収納用[11]仕切り部分は[12]完全に[13]取り外し可能で，掃除工程[14]を簡単にします。

特筆すべきは，このモデルには農作物を保存するための野菜室がなく，非常に[15]コンパクトな冷凍庫になっていることです。この設計選択により，主要な部分のスペース[16]が最大化され，一般的なお昼ご飯を保管するのに理想的です。

冷蔵庫の外装は，[18]洗練されたステンレス仕上げ[17]を備えていて，簡単なメンテナンスと[19]耐久性を提供しつつも，どんなオフィスの装飾にも溶け込みます。[20]断熱性も高く，エネルギー[21]を気にする企業にとって経済的な選択肢です。

SmartOffice 冷蔵庫に[22]投資を ― 機能性，利便性，革新性の完璧な融合をぜひオフィスのキッチンに。

---

be 動詞が省略される分詞構文
第2段落1文目の Designed specifically for office environments は過去分詞の Designed の前の Being，第4段落2文目の ideal for storing common lunch items では形容詞の ideal の前の being が省略されています。being が省略されている可能性があることを頭に入れておきましょう。

最新式の家電紹介

1 ☐☐
messy
[mési]

形 散らかった
名 mess 乱雑；混乱
⇔ tidy 整然とした

2 ☐☐
unorganized
[ʌnɔ́rɡənàɪzd]

形 秩序のない，組織されていない
⇔ organized 組織された，準備された
● un- は否定の意味を持つ接頭辞

3 ☐☐
misplaced
[míspleɪst]

形 間違って置かれた

4 ☐☐
effortlessly
[éfərtləsli]

副 楽々と
名 effort 努力　**形** effortless 簡単な，楽な

5 ☐☐
standout
[stǽndàʊt]

形 優れた
名 傑出した人［もの］
≡ notable, outstanding

6 ☐☐
dispenser
[dɪspénsər]

名 ディスペンサー
● 紙類や液体などを一定量ずつ取り出せる装置のこと

7 ☐☐
directly
[dəréktli] ●

副 直接に
動 形 direct を指揮する；直接の
⇔ indirectly 間接的に

8 ☐☐
innovation
[ìnəvéɪʃən]

名 革新，刷新
動 innovate 刷新する　**形** innovative 革新的な
副 innovatively 革新的に

9 ☐☐
eliminate
[ɪlímɪnèɪt] ●

動 を除く
名 elimination 除去，排除

10 ☐☐
steady
[stédi] ●

形 安定した
動 を安定させる
⇔ unsteady 不安定な

11 ☐☐
compartment
[kəmpáːrtmənt]

名 仕切った部分；区画

12 □□ **entirely** [ɪntáɪərli]	副 完全に，すっかり 形 entire 全部の ≒ completely
13 □□ **removable** [rɪmúːvəbl]	形 取り外しのきく，除去できる 動 remove を取り外す　名 removal 除去；転居，転勤
14 □□ **simplify** [símplɪfàɪ]	動 を簡単にする 名 simplification 平易化　形 simple 単純な 副 simply 簡単に
15 □□ **compact** [kəmpǽkt]	形 コンパクトな；小型の，かさばらない ≒ small-sized
16 □□ **maximize** [mǽksɪmàɪz]	動 を最大にする ⇔ minimize を最小限にする ● Part 5 の選択肢にも頻出の単語
17 □□ **boast** [boʊst] ❶	動 を（誇りとして）持っている；を誇りにしている； 自慢する　名 誇り ≒ be proud of ~
18 □□ **sleek** [sliːk]	形 洗練された；なめらかな
19 □□ **durability** [djʊ̀ərəbíləti]	名 耐久性 形 durable 耐久性のある
20 □□ **insulation** [ìnsəléɪʃən]	名 断熱性，遮音性；隔離 動 insulate を隔離する；を遮断する 形 insulative 断熱用の
21 □□ **be conscious of ~**	~に気付いている
22 □□ **invest** [ɪnvést]	動 投資する〈in ~に〉 名 investment 投資　名 investor 投資家

⁵ サマーセールのアナウンス 広告

Good afternoon, S-Mart customers! We're thrilled to inform you that our store is in the middle of a fantastic summer sale. This sale **¹spans** every **²department**, offering a wide array of goods **³marked down** to as low as 50% off. To identify these **⁴bargains**, **⁵simply** look for the big yellow **⁶stickers**.

Remember, today **⁷marks** the final day of this sale, so don't miss your chance to **⁸take advantage of** these **⁹deals**. It's an excellent opportunity to pick up something special for the upcoming holiday season.

For purchases over $20, we're offering complimentary gift wrapping. This **¹⁰adds** a perfect **¹¹complement to** your holiday gifts. **¹²Additionally**, for those of you considering larger purchases, we provide free home delivery on orders **¹³exceeding** $300.

Please keep in mind, **¹⁴due to** the high **¹⁵volume** of sales, delivery might take **¹⁶up to** a week. We appreciate your understanding and patience during this busy time.

Thank you for shopping with us, and enjoy the sale!

🇺🇸 (158 words)

S-Mart のお客さま，こんにちは！ 当店にて素晴らしいサマーセールの真っただ中であることをご案内できて，わくわくしています。このセールはすべての²売り場¹に及び，50％オフという低価格にまで³値下げされた豊富な商品を提供しています。これらの⁴バーゲン品を見分けるには，⁵ただ大きな黄色の⁶ステッカーを探してください。

このセールは本日が最終日⁷であることをお忘れなく。そしてこれらの⁹お買い得品⁸を活用する機会を逃さないようにしてください。これからのホリデーシーズンに向けて，何か特別なものを手に入れる絶好のチャンスです。

20 ドル以上のお買い上げで，無料のギフトラッピングを提供します。これは，ホリデーシーズンのギフトに，それを完璧に¹¹引き立てるもの¹⁰を付け足します。¹²さらに，大口購入をお考えの皆さまには，300 ドル¹³以上のお買い上げで，無料宅配サービスも提供しています。

販売¹⁵量が多い¹⁴ため，配送に¹⁶最大1週間ほどかかる場合があることをご了承ください。この繁盛期の間の，皆さまのご理解とご辛抱に感謝しています。

お買いものありがとうございます。セールをお楽しみください！

1 ☐☐ **span** [spæn]	**動** に及ぶ **名** 期間；範囲 **言** extend
2 ☐☐ **department** [dɪpáːrtmənt]	**名** 売り場；部門 ● department store 百貨店
3 ☐☐ **mark down**	〜を値下げする **言** discount
4 ☐☐ **bargain** [báːrgɪn]	**名** お買い得品，格安品 ● a bargain price 見切り価格
5 ☐☐ **simply** [símpli]	**副** 単に，ただ；簡単に **名** simplification 平易化 **形** simple 単純な
6 ☐☐ **sticker** [stíkər]	**名** ステッカー，のり付きラベル **言** label
7 ☐☐ **mark** [mɑːrk]	**動** を示す **名** しるし **形** marked 著しい **副** markedly 著しく
8 ☐☐ **take advantage of 〜**	〜を利用する **言** make use of 〜
9 ☐☐ **deal** [diːl]	**名** お買い得品；待遇 **動** 対処する〈with 〜に〉；扱う〈with 〜を〉 **名** dealer 販売店，ディーラー
10 ☐☐ **add _A_ to _B_**	A を B に加える
11 ☐☐ **complement** [ká(ː)mpləmənt]	**名** 補完物　**動** を補足する **形** complementary 補足的な **副** complementarily 相補的に ● cf. compliment ほめ言葉

12 ⬜⬜ **additionally** [ədíʃənəli]	副 さらに 動 add を加える　名 addition 追加 形 additional 追加の
13 ⬜⬜ **exceed** [ɪksíːd] ❶	動 を超える 形 exceeding 過度の　副 exceedingly 非常に，とても
14 ⬜⬜ **due to ~**	~が原因で 🗒 because of ~, owing to ~
15 ⬜⬜ **volume** [vá(ː)ljəm] ❶	名 量；1 巻，1 冊 🗒 amount, quantity
16 ⬜⬜ **up to ~**	最大~まで

5

6 成功者のプロフィール　記事

Furniture from Recycled ¹Timber: Cooper's Journey to Success

In a world where ²**sustainability** is ³**increasingly** valued, one craftsman is ⁴**making waves** with his unique approach to furniture making. Jack Cooper, a ⁵**skilled** woodworker ⁶**based** in Northern Maine, combines his craftsmanship with environmental ⁷**awareness**. Using recycled timber from old boats, he creates furniture that is eco-friendly and rich in history and character.

A marine salvage yard* near Cooper's workshop typically ⁸**disposes of** unwanted boat parts by burning them. ⁹**Fortunately**, Cooper has been able to reach an arrangement whereby he selects useful pieces resulting in a plentiful supply of timber. He ¹⁰**skillfully** transforms this timber into various furniture items, preserving the original paint from the boats. This ¹¹**distinct** feature ensures that no two pieces are ¹²**alike**.

Cooper's business grew ¹³**exponentially** through social media promotion, where he showcases his creations and the process behind them. His popular monthly online videos ¹⁴**capture** the art of furniture making. This ¹⁵**fame** has not only increased his ¹⁶**income** but also ¹⁷**attracted** international orders, expanding his ¹⁸**customer base** globally.

Next month, Cooper plans to host a three-day woodworking course at his Derry workshop. The event, which promises hands-on experience, was fully booked within hours of its ¹⁹**announcement**. This marks another ²⁰**milestone** in his journey, ²¹**illustrating** the growing interest in sustainable and artistic furniture making.

🇬🇧 (216 words)

*salvage yard スクラップ回収所

リサイクル [1]木材を使った家具：Cooper の成功への旅路

[2]持続可能性が [3]ますます重視される世の中，家具作りへの独特な取り組みで [4]話題を呼んでいる 1 人の職人がいる。メイン州北部 [6]に拠点を置く [5]熟練の木工職人，Jack Cooper は，彼の技巧と環境への [7]配慮を結びつけた。彼は古い船から無料でリサイクルされた木材を利用し，環境に優しく，歴史と個性に富んだ家具を製作している。

Cooper の工房の近くにある海洋スクラップ回収所では，一般的に，不要になったボートの部品を焼却 [8]処分している。[9]幸いなことに，Cooper は有用な部品を選別することで，結果的に豊富な木材の供給を受けられるという合意に達することができた。彼はこの木材を，ボートの元々の塗装を残したまま，さまざまな家具に [10]巧みに変身させる。この [11]はっきりとわかる特徴により，[12]似たようなものはふたつとない。

Cooper の事業は，ソーシャルメディアでの販売促進活動を通じて [13]飛躍的に成長した。彼はそこで作品や作品を作る工程を披露している。彼の人気オンラインビデオは毎月，家具作りの芸術 [14]を記録している。この [15]名声は彼の [16]収入を増やすだけでなく，海外からの注文 [17]を引き寄せ，[18]顧客ベースを世界的に拡大した。

来月，Cooper は彼のデリーの工房で 3 日間の木工コースを開催する予定だ。実体験を約束するこのイベントは，[19]発表後数時間で満席となった。これは，持続可能で芸術的な家具作りへの関心の高まり [21]を示すものであり，彼の旅路におけるもう 1 つの [20]画期的な出来事となる。

1 ☐☐ **timber** [tímbər]	名 木材
2 ☐☐ **sustainability** [səstèɪnəbíləti]	名 持続可能性 動 sustain を持続させる　形 sustainable 持続可能な
3 ☐☐ **increasingly** [ɪnkríːsɪŋli]	副 ますます，だんだん 動 名 increase 増加する；増加 形 increasing ますます増加する
4 ☐☐ **make waves**	話題になる
5 ☐☐ **skilled** [skɪld]	形 熟練した = seasoned　⇔ unskilled 未熟な
6 ☐☐ **base** [beɪs]	動 の本拠地を置く 名 土台 名 basis 基礎　形 basic 基礎の　副 basically 基本的に
7 ☐☐ **awareness** [əwéərnəs]	名 配慮，意識 形 aware 気が付いている
8 ☐☐ **dispose of ～**	～を処分する = get rid of ～
9 ☐☐ **fortunately** [fɔ́ːrtʃənətli]	副 幸いなことに 名 fortune 幸運　形 fortunate 幸運な ⇔ unfortunately あいにく
10 ☐☐ **skillfully** [skílfəli]	副 巧みに，上手に 形 skillful 熟練した
11 ☐☐ **distinct** [dɪstíŋkt]	形 明瞭な，はっきりした 名 distinction 区別　形 distinctive 明確に区別できる 副 distinctively 区別して

12 □□ **alike** [əláɪk]	形 似ている 副 同様に ● *A* and *B* alike　AもBも同様に
13 □□ **exponentially** [èkspənénʃəli]	副 急激に 形 exponential 急激な
14 □□ **capture** [kǽptʃər]	動 を記録する；を捉える 名 捕獲，占領
15 □□ **fame** [feɪm]	名 名声 形 famous 有名な　副 famously 著名に
16 □□ **income** [ínkʌm] ❶	名 収入 ⇆ spending 支出，出費
17 □□ **attract** [ətrǽkt]	動 を引き寄せる 名 attraction 呼びもの　形 attractive 魅力的な 副 attractively 魅力的に
18 □□ **customer base**	顧客ベース ● ある企業の製品やサービスを繰り返し購入する顧客層のこと
19 □□ **announcement** [ənáʊnsmənt]	名 発表；広告 動 announce を発表する，を知らせる 名 announcer アナウンサー
20 □□ **milestone** [máɪlstòʊn]	名 画期的な出来事；重要な段階 🖩 turning point
21 □□ **illustrate** [íləstrèɪt] ❶	動 を説明する 名 illustration 説明；イラスト　名 illustrator イラストレーター 形 illustrative 説明的な

メディア・宣伝・アナウンス

7 AR ソフトの宣伝 ウェブページ

About Us

Revolutionizing [1]Aircraft Maintenance with AR Software

Welcome to SkySight Technology's Web site, where we [2]**pioneer** in the field of Augmented Reality (AR)* software specifically tailored for the [3]**airline industry**. Our [4]**cutting-edge** AR software, primarily utilized by aircraft maintenance [5]**professionals**, is designed to enhance the safety and [6]**efficiency** of aircraft inspection processes.

Product Overview

Our innovative AR software is integrated into a [7]**specialized** pair of [8]**goggles** [9]**equipped with** a [10]**high-resolution** camera. This advanced camera goes beyond the capabilities of the human eye, allowing technicians to [11]**detect** and analyze a range of potential issues that are otherwise [12]**invisible**. Key features include the identification of [13]**leaks**, cracks, and areas exhibiting unusual heat [14]**patterns**. These [15]**functionalities** significantly [16]**contribute to** the detailed and accurate assessment of aircraft health.

Impact on Airline Safety

Numerous airlines have recognized the value of our AR software in their maintenance operations. Among our clients are four notable airlines: Pacific Blue Airways, AeroStar Airlines, SkyBound Express, and Horizon Jetliners. These airlines have reported remarkable improvements in maintenance efficiency and aircraft safety since [17]**incorporating** our software. Its [18]**implementation** is now a standard part of their safety [19]**protocols**.

(187 words)

*Augmented Reality 拡張現実（現実世界に仮想世界を重ねて表示する技術）

当社について

AR ソフトウェアで [1]航空機整備に革命を起こす

SkySight テクノロジーのウェブサイトへようこそ。当社は，特に [3]航空業界向けに開発された拡張現実 (AR) ソフトウェア分野の [2]先駆者です。当社の [4]最先端 AR ソフトウェアは，主に航空機整備の [5]専門家によって利用され，航空機検査工程の安全性と [6]効率性を高めるように設計されています。

製品概要

当社の革新的な AR ソフトウェアは，[10]高解像度カメラ [9]を搭載した [7]特殊な [8]ゴーグルに組み込まれています。この高度なカメラは人間の目の能力を超えており，技術者はこのカメラでなくては [12]見えないさまざまな潜在的な問題 [11]を検出し，分析することができます。主な機能には，[13]漏れ，ひび割れや異常な熱 [14]パターンを示す部分の特定などがあります。これらの [15]機能は，航空機の健全性の詳細かつ正確な評価に大きく [16]貢献します。

航空会社の安全性への影響

数多くの航空会社が，整備業務における当社の AR ソフトウェアの価値を認めています。私たちの顧客の中には，4 つの有名な航空会社が含まれます：Pacific Blue Airways，AeroStar Airlines，SkyBound Express，Horizon Jetliners。これらの航空会社は当社のソフトウェア [17]を組み込んで以来，整備効率と航空機の安全性が著しく向上したと報告しています。その [18]導入実施は，安全 [19]手順の標準的な一部となっています。

AR ソフトの宣伝

1 ☐☐ **aircraft** [éərkræft]	**名** 航空機 ● airplane「飛行機」や helicopter「ヘリコプター」などの総称語
2 ☐☐ **pioneer** [pàɪəníər] ❶	**動** 先駆者となる **名** 先駆者；開拓者 **形** pioneering 先駆的な，先駆けの
3 ☐☐ **airline industry**	航空業界 **≒** aviation industry
4 ☐☐ **cutting-edge** [kʌ́tɪŋèdʒ]	**形** 最先端の **≒** state-of-the-art
5 ☐☐ **professional** [prəféʃənəl]	**名** 専門家 **形** 専門職の，プロの **⇔** amateur 素人；素人の
6 ☐☐ **efficiency** [ɪfíʃənsi]	**名** 効率性〈of 〜の〉 **形** efficient 能率的な，無駄のない **副** efficiently 効率的に
7 ☐☐ **specialized** [spéʃəlàɪzd]	**形** 特殊な；専門化した **動** specialize 専攻する **≒** special
8 ☐☐ **goggle** [gá(:)gl]	**名** ゴーグル **動** 目を見張る ● 眼鏡類を総称して eyeware と言う
9 ☐☐ **(be) equipped with 〜**	〜が搭載された **≒** (be) provided with 〜
10 ☐☐ **high-resolution** [haɪrèzəlúːʃən]	**形** 高解像度の ● resolution はここでは「決意」ではなく「解像度」の意味
11 ☐☐ **detect** [dɪtékt]	**動** を検出する，を見つける **名** detector 探知機，検出器　**形** detective 探知用の **≒** find

12 ☐☐ **invisible** [ɪnvízəbl]	形 見えない 〈to 〜に〉 副 invisibly 見えずに，見えないように ⇔ visible 見える
13 ☐☐ **leak** [liːk]	名 漏れ 動 （液体やガスが）漏れる 名 leakage
14 ☐☐ **pattern** [pǽʈərn] ❶	名 パターン；模様 形 patterned 模様の付いた，柄のある
15 ☐☐ **functionality** [fʌ̀ŋkʃənǽlɪti]	名 機能性；実用性 名 function 機能，作用　形 functional 便利な
16 ☐☐ **contribute to 〜**	〜に貢献する 名 make a contribution to 〜
17 ☐☐ **incorporate** [ɪnkɔ́ːrpərèɪt]	動 を組み込む；合併する 〈with 〜と〉 名 incorporation 合併，合同；会社 名 integrate
18 ☐☐ **implementation** [ìmplɪmentéɪʃən]	名 実行，実施 動 implement を実行する 名 execution
19 ☐☐ **protocol** [próʊʈəkà(ː)l]	名 手順；外交儀礼 名 procedure

8 科学館でのクラウドファンディング 記事

Greenfield City Science Museum Launches Crowdfunding

The Greenfield City Science Museum is [1]**embarking on** an ambitious project to [2]**stimulate** young minds through a newly planned exhibit designed to build interest in scientific careers through a series of [3]**interactive** displays and hands-on [4]**experiments**.

To get [5]**financial** support, the museum has launched a crowdfunding campaign, encouraging visitors to [6]**contribute** money **towards** the exhibit's development. The project aims to promote science education by featuring science fairs where students can present their research findings and [7]**compete** for [8]**prizes**.

This summer, the museum is hosting special events such as an auction of previously displayed items, many of which now have [9]**sentimental** value from older exhibits. Additionally, a science camp is being organized for local students. This overnight camp will feature guest appearances from the hosts of *The Science Show* on Channel 7 and [10]**professors** from Vandelay University of Science, who will conduct [11]**engaging** workshops.

Despite these efforts, the museum is still unsure if it can reach its goal of $20,000. We [12]**urge** our readers **to** consider contributing to this [13]**worthy** [14]**cause** and help to continue promoting scientific [15]**curiosity** in the next generation. Further details about the exhibit and ways to [16]**donate** can be found on the museum's Web site, which also hosts many valuable [17]**resources** for educators. Visit www.greenfieldcsm.com to make an easy online [18]**donation**.

🇨🇦 (220 words)

グリーンフィールド市立科学博物館がクラウドファンディングを開始

グリーンフィールド市立科学博物館は，一連の ³双方向的な展示や体験型 ⁴実験を通して科学分野の職業への関心を高めることを目的として，新しく企画された展示を通して若者の心 ²を刺激する野心的なプロジェクト ¹に着手しています。

⁵財政的な援助を得るため，同博物館はクラウドファンディングキャンペーンを立ち上げ，来館者に展示の開発への資金 ⁶寄付をするよう呼びかけています。このプロジェクトは，生徒たちが研究成果を発表し，⁸賞金を ⁷競う科学フェアを開催することで，科学教育を促進することを目的としています。

この夏，同博物館は以前展示されていた品のオークションのような特別なイベントを開催する予定ですが，その多くの品は古い展覧会から今も ⁹感傷的な価値を持っています。さらに，地元の生徒を対象とした科学キャンプも企画されています。この 1 泊 2 日のキャンプには，チャンネル 7 の『科学ショー』の司会者や Vandelay 理科大学の ¹⁰教授がゲストとして登場し，¹¹魅力的なワークショップを行う予定です。

こうした取り組みにもかかわらず，同博物館は目標としている 20,000 ドルに到達するかまだわかりません。この ¹³価値ある ¹⁴目的に加えて次世代の科学的 ¹⁵好奇心を促進し続けるのを助けるための寄付を読者の皆さまにぜひご検討 ¹²いただきたいと思います。展示の詳細や ¹⁶寄付をする方法については，教育者向けの貴重な ¹⁷資料を多数掲載している同博物館のウェブサイトで閲覧可能です。簡単なオンライン ¹⁸寄付をするためには www.greenfieldcsm.com にアクセスしてください。

1 ☐☐ **embark on ~** 	～に着手する, ～に乗り出す 🔁 begin, start
2 ☐☐ **stimulate** [stímjulèɪt] ❶	動 を刺激する 名 stimulation 刺激, 興奮 形 stimulating 刺激的な, 興奮させる
3 ☐☐ **interactive** [ìnṭəræktɪv]	形 双方向的な, 相互に作用する 動 interact 交流する　名 interaction 交流 副 interactively 相互に作用して
4 ☐☐ **experiment** [ɪkspérɪmənt]	名 実験；試み 動 実験をする 形 experimental 実験の, 実験的な
5 ☐☐ **financial** [fənǽnʃəl]	形 財政的な 動 名 finance に資金を融通する；財政 ● financial problem 財政上の問題
6 ☐☐ **contribute A towards B**	A を B に寄付する 🔁 contribute A to B
7 ☐☐ **compete** [kəmpíːt]	動 競う〈for ～を得るために〉
8 ☐☐ **prize** [praɪz]	名 賞金, 賞, 賞品 形 受賞に値する 形 prized とても重要な
9 ☐☐ **sentimental** [sènṭəménṭəl]	形 感傷的な；情に訴える 🔁 emotional
10 ☐☐ **professor** [prəfésər]	名 教授 🔁 teacher
11 ☐☐ **engaging** [ɪngéɪdʒɪŋ]	形 魅力的な, 人を引き付ける 🔁 attractive

12 ☐☐ **urge _A_ to _do_**	A に～するよう強く促す 🔷 strongly encourage _A_ to _do_
13 ☐☐ **worthy** [wə́ːrði] ❶	🔷 価値のある 🔷 🔷 worth に値する；価値 🔄 worthless 価値のない
14 ☐☐ **cause** [kɔːz] ❶	🔷 目的，理由；原因　🔷 の原因となる 🔷 purpose ● charitable cause 慈善目的
15 ☐☐ **curiosity** [kjùəriá(ː)səti] ❶	🔷 好奇心 🔷 curious 好奇心が強い ● out of curiosity 好奇心から
16 ☐☐ **donate** [dóʊneɪt]	🔷 を寄付する 🔷 donor 寄贈者，寄付をする人 🔷 contribute
17 ☐☐ **resource** [ríːsɔːrs]	🔷 資料；（通例 -s）資源 🔷 resourceful 資源に富んだ；見識のある
18 ☐☐ **donation** [doʊnéɪʃən]	🔷 寄付；寄付金 🔷 contribution

9 受講コースのレビュー　レビュー

What ¹Participants Are Saying

September 18 by Travis O'Donnell

I recently undertook the online Accounting Mastery Course as part of my ²**employer**'s ³**requirement** for a potential promotion. This course ⁴**enabled** me **to** achieve the Certified Public Accountant (CPA) qualification in just six months.

The flexibility of watching ⁵**instructional** videos at my own pace greatly assisted my learning, and being able to submit ⁶**assignments** online made the course particularly ⁷**attractive**. I was surprised at the ⁸**instant** feedback from the instructors. This aspect of the course significantly enhanced my learning experience.

However, there were a few ⁹**drawbacks**. Notably, the CPA qualification test couldn't be taken online. I had to travel to Atlanta to an ¹⁰**authorized** testing center. While this was an inconvenience, the efficiency of the testing process was ¹¹**undeniable**. The test was ¹²**graded** automatically, and I received my certification on the same day.

One limitation of the course was the challenge of arranging one-on-one discussions with instructors. The lack of direct interaction made it difficult to ¹³**seek** clarification on ¹⁴**certain** topics. Additionally, the requirement to purchase a specific textbook, which was quite expensive, added an ¹⁵**unexpected** cost to the course.

Despite its ¹⁶**minor** ¹⁷**shortcomings**, the online Accounting Mastery Course proved to be an effective and efficient way to achieve the CPA qualification, which is ¹⁸**vital** for my career ¹⁹**advancement**.

(218 words)

[1]参加者の声

9 月 18 日　Travis O'Donnell より

私は最近，潜在的な昇進への [2]雇用主の [3]要件の一環として，オンライン会計熟練コースを受講しました。このコースにより，わずか 6 カ月で公認会計士（CPA）の資格を取得 [4]することができました。

自分のペースで [5]教習用ビデオを見ることができる柔軟性は，私の学習を大いに助けてくれましたし，[6]宿題をオンラインで提出できることも，このコースを特に [7]魅力的なものにしてくれました。講師からの [8]即時のフィードバックには驚きました。コースのこの側面は，私の学習経験を大幅に向上させてくれました。

しかし，いくつか [9]良くない点もありました。特筆すべきは，CPA 資格試験がオンラインで受けられなかったことです。アトランタの [10]公認試験センターまで足を運ばなければなりませんでした。これは不便でしたが，試験プロセスの効率性は [11]否定できません。テストは自動的に [12]採点され，私はその日のうちに認定証を受け取りました。

このコースの制限事項の 1 つは，講師と 1 対 1 で議論をするのが難しいことです。直接対話ができないため，[14]特定のトピックについて説明 [13]を求めるのが難しかったです。さらに，特定のテキストを購入する必要があり，それがかなり高価であったため，コースに [15]予想外の費用が追加でかかりました。

[16]小さな [17]欠点はあったものの，オンライン会計熟練コースは，仕事での [19]昇進に [18]不可欠な CPA 資格を取得するための効果的かつ効率的な方法だとわかりました。

1 ☐☐ **participant** [pərtísɪpənt] ●	名 参加者 動 participate 参加する　名 participation 参加
2 ☐☐ **employer** [ɪmplɔ́ɪər]	名 雇用主 動 employ を雇う ⟷ employee 従業員
3 ☐☐ **requirement** [rɪkwáɪərmənt]	名 必要条件；必要なもの 動 require を必要とする
4 ☐☐ **enable A to do**	A が～することを可能にする ≒ allow A to do
5 ☐☐ **instructional** [ɪnstrʌ́kʃənəl]	形 教育用の 動 instruct に教える　名 instruction 教えること；指示 名 instructor 指導者
6 ☐☐ **assignment** [əsáɪnmənt] ●	名 宿題，課題；割り当て 動 assign を割り当てる；を任命する
7 ☐☐ **attractive** [ətrǽktɪv]	形 魅力的な 動 attract を引き寄せる　名 attraction 呼びもの 副 attractively 魅力的に
8 ☐☐ **instant** [ínstənt] ●	形 即座の；すぐ準備できる 名 瞬間 副 instantly 直ちに
9 ☐☐ **drawback** [drɔ́bæk]	名 欠点，不利な点 ≒ disadvantage
10 ☐☐ **authorized** [ɔ́:θəràɪzd]	形 公認された 動 authorize に権限を与える　名 authorization 公認
11 ☐☐ **undeniable** [ʌ̀ndɪnáɪəbl]	形 否定できない ⟷ deniable 否定できる

12 ☐☐ **grade** [greɪd]	**動** を採点する；を等級に分ける **名** 段階；評価，成績 **形** graded 段階的な
13 ☐☐ **seek** [siːk]	**動** を求める **≒** look for ~
14 ☐☐ **certain** [sɔ́ːrtən]	**形** 特定の；確信している **⇔** uncertain はっきりわからない ● certain は sure よりも客観的なニュアンスを持つ
15 ☐☐ **unexpected** [ʌ̀nɪkspéktɪd]	**形** 思いがけない，予期しない **⇔** expected 予期された
16 ☐☐ **minor** [máɪnər]	**形** 小さい，小さい方の **⇔** major 大きい方の
17 ☐☐ **shortcoming** [ʃɔ́rtkʌ̀mɪŋ]	**名** 欠点，短所 **⇔** merit 長所，とりえ
18 ☐☐ **vital** [váɪṭəl] ❶	**形** 不可欠の，極めて重要な **≒** necessary **⇔** unnecessary 不必要な
19 ☐☐ **advancement** [ədvǽnsmənt]	**名** 昇進；前進；進歩 **≒** promotion

10 イマーシブシアターのレビュー レビュー

Theater Review: *Shadows of Time*

The Lighthouse Theater on Brisbane City's Southbank is currently hosting a production of *Shadows of Time*. This is an [1]**immersive** theatrical production — an innovative performing arts trend for which the theater was specifically built. This unique form of theater invites audiences to step inside the story, [2]**blurring** the lines between performers and viewers.

Shadows of Time is a [3]**compelling** story set in a dreamlike world. The [4]**setting** is a mysterious mansion where time [5]**behaves** unpredictably. Audiences [6]**wander** through various rooms, [7]**uncovering** [8]**clues** about a long-forgotten mystery. The [9]**lead** actors, Samantha Lee and Marcus Grant, [10]**deliver** [11]**convincing** performances, [12]**expertly** guiding the audience through the [13]**unfolding** drama.

Audience members' actions [14]**influence** the direction of the story so that each performance is a unique experience. This style of production does present certain challenges. The [15]**absence** of traditional seating and the interactive nature of the show may not [16]**appeal** to everyone. Additionally, the plot's complexity, [17]**affected by** audience participation, can sometimes [18]**result in** some [19]**confusing** situations.

Despite these considerations, *Shadows of Time* at the Lighthouse Theater stands out as a prime example of immersive theater's potential. It is an engaging, multi-sensory* experience that goes beyond what traditional theatrical performances can offer, providing its audiences with a [20]**memorable** experience that they will [21]**treasure** forever.

Posted by Diana Roberts

(218 words)

*multi-sensory 多感覚の

劇場レビュー：『時の影』

ブリスベン市のサウスバンクにある Lighthouse 劇場では，現在『時の影』が上演されています。これは [1]没入型の演劇作品で，革新的な舞台芸術の流行であり，この劇場はそのために特別に建設されました。この独特な形式の演劇は，観客を物語の中に招き入れ，演者と観客の境界線[2]をあいまいにします。

『時の影』は，夢のような世界を舞台にした[3]魅力的な物語です。[4]舞台となるのは，時間が予測不可能な[5]動きをする不思議な屋敷で，観客はさまざまな部屋を[6]歩き回り，長い間忘れ去られていた謎の[8]手がかり[7]を探っていきます。[9]主演俳優の Samantha Lee と Marcus Grant は，[11]迫真の演技[10]をし，観客をドラマの[13]展開に[12]巧みに導きます。

観客の行動が物語の方向性[14]に影響を与えるので，各公演が唯一の体験となります。この上演形式には，ある種の課題があります。伝統的な座席[15]がないことと，公演の双方向的な性質は，万人[16]が気に入るものではないかもしれません。さらに，観客の参加[17]によって影響を受けた複雑な筋書きが，時に[19]混乱させるような状況[18]を招くこともあります。

このような考慮すべきことにもかかわらず，Lighthouse 劇場の『時の影』は，没入型演劇の可能性を示す好例として際立っています。それは，従来の演劇が提供できるものを超えた，魅力的で多感覚的な体験で，観客が一生[21]心にしまっておくであろう[20]忘れられない体験を提供します。

投稿者：Diana Roberts

イマーシブって何？

immersive とは「没入感のある」という意味の言葉ですが，文字通り，参加者の心を没入させる体験型のイベントを指します。本文中ではシアターで没入体験ができる事例を紹介しています。参加者である観客の行動が予測できない結果を招くこともあり，新感覚のエンタメと言えるでしょう。

1 ☐☐ **immersive** [ɪmə́ːrsɪv]	形 没入型の 名 immersion 没頭，熱中
2 ☐☐ **blur** [bləːr] 🔊	動 をあいまいにする；(視力・目など) をぼやかす 名 ぼやけた状態；汚れ 形 blurred ぼやけた
3 ☐☐ **compelling** [kəmpélɪŋ]	形 人を引き付ける；(理由・根拠などが) 説得力のある ≒ fascinating
4 ☐☐ **setting** [séţɪŋ]	名 (場面) 設定 〈for ～の〉；環境
5 ☐☐ **behave** [bɪhéɪv] 🔊	動 ふるまう；作用する 名 behavior ふるまい，行儀，態度
6 ☐☐ **wander** [wɑ́(ː)ndər] 🔊	動 歩き回る，ふらつく 形 wandering 歩き回る，さまよう ≒ stroll
7 ☐☐ **uncover** [ʌnkʌ́vər]	動 (秘密など) を暴露する；ふたを取る ● cover「覆い」が un「ない」というイメージから
8 ☐☐ **clue** [kluː]	名 手がかり，糸口；ヒント ≒ hint
9 ☐☐ **lead** [liːd] 🔊	名 (映画などの) 主役；先頭；優勢 動 を案内する；を導く；に至らせる ● team lead(er) チームリーダー
10 ☐☐ **deliver** [dɪlívər]	動 (講演や演説など) をする；を配達する 名 delivery 配達　名 deliverer 配達人
11 ☐☐ **convincing** [kənvínsɪŋ]	形 納得させる，説得力のある 副 convincingly もっともらしく

10

12 ☐☐ **expertly** [ékspərtli]	副 うまく，専門的に 名 expertness 熟練　名 expert 専門家
13 ☐☐ **unfold** [ʌnfóuld]	動 (物語や風景が) 展開する；を明らかにする
14 ☐☐ **influence** [ínfluəns] ❶	動 に影響を及ぼす，を感化する 名 影響 形 influential 大きな影響を及ぼす　🔁 impact, affect
15 ☐☐ **absence** [ǽbsəns]	名 (〜に) いないこと，欠席すること；欠如 〈of 〜の〉 形 absent 欠席の 🔁 presence (ある場所に) いること
16 ☐☐ **appeal** [əpíːl]	動 (人の心に) 訴える 〈to 〜に〉 🔁 attract
17 ☐☐ **(be) affected by 〜**	〜の影響を受ける 🔁 inspired by 〜
18 ☐☐ **result in 〜**	〜という結果になる 🔁 result from 〜　〜に由来する
19 ☐☐ **confusing** [kənfjúːzɪŋ]	形 混乱させるような 名 confusion 混乱
20 ☐☐ **memorable** [mémərəbl]	形 記憶に残る；重大な 〈for 〜で〉 🔁 unforgettable
21 ☐☐ **treasure** [tréʒər] ❶	動 を心にしまっておく，を蓄える 名 財宝；(通例 -s) 貴重品

1 次の日本語の意味の単語を下の❶ 〜 ⑯の中から選びなさい。

（1）を検出する （   ）
（2）不可欠の （   ）
（3）断熱性 （   ）
（4）さらに （   ）
（5）称賛されている （   ）
（6）配分 （   ）
（7）（講演や演説など）をする （   ）
（8）熟練した （   ）
（9）を魅了する （   ）
（10）うまく （   ）
（11）補完物 （   ）
（12）購入しやすい （   ）
（13）詳しく述べる （   ）
（14）急激に （   ）
（15）を寄付する （   ）
（16）必要条件 （   ）

❶ insulation	❷ detect	❸ acclaimed	❹ exponentially
❺ expertly	❻ fascinate	❼ distribution	❽ requirement
❾ donate	❿ additionally	⓫ affordable	⓬ deliver
⓭ vital	⓮ elaborate	⓯ complement	⓰ skilled

2 次の単熟語の意味に最も近いものをそれぞれ **❶** ～ **❹** の中から 1 つ選びなさい。

（1）execution
- **❶** income
- **❷** innovation
- **❸** implementation
- **❹** involvement

（2）procedure
- **❶** resource
- **❷** plotline
- **❸** formula
- **❹** deal

（3）make use of ～
- **❶** embark on ～
- **❷** contribute to ～
- **❸** result in ～
- **❹** take advantage of ～

（4）get rid of ～
- **❶** be conscious of ～
- **❷** be equipped with ～
- **❸** dispose of ～
- **❹** mark down ～

（5）allow *A* to *do*
- **❶** require *A* to *do*
- **❷** urge *A* to *do*
- **❸** inspire *A* to *do*
- **❹** enable *A* to *do*

（6）representative
- **❶** nutritionist
- **❷** spokesperson
- **❸** protocol
- **❹** emporium

（7）attractive
- **❶** engaging
- **❷** specialized
- **❸** convincing
- **❹** persistent

（8）be proud of ～
- **❶** boast
- **❷** surpass
- **❸** stimulate
- **❹** win

（9）fascinating
- **❶** unwavering
- **❷** compelling
- **❸** alike
- **❹** collaborative

（10）look for ～
- **❶** treasure
- **❷** capture
- **❸** scale
- **❹** seek

（11）competitive
- **❶** unbeatable
- **❷** sleek
- **❸** energetic
- **❹** distinct

（12）power
- **❶** clue
- **❷** force
- **❸** venture
- **❹** cause

解答

1 （1）❷ detect （→ p.260）　　（2）⓭ vital （→ p.269）

（3）❶ insulation （→ p.249）　　（4）⓾ additionally （→ p.253）

（5）❸ acclaimed （→ p.237）　　（6）❼ distribution （→ p.241）

（7）⓬ deliver （→ p.272）　　（8）⓰ skilled （→ p.256）

（9）❻ fascinate （→ p.236）　　（10）❺ expertly （→ p.273）

（11）⓯ complement （→ p.252）　　（12）⓫ affordable （→ p.245）

（13）⓮ elaborate （→ p.240）　　（14）❹ exponentially （→ p.257）

（15）❾ donate （→ p.265）　　（16）❽ requirement （→ p.268）

2 （1）❸ implementation （→ p.261）

（2）❸ formula （→ p.240）

（3）❹ take advantage of ～ （→ p.252）

（4）❸ dispose of ～ （→ p.256）

（5）❹ enable *A* to *do* （→ p.268）

（6）❷ spokesperson （→ p.240）

（7）❶ engaging （→ p.264）

（8）❶ boast （→ p.249）

（9）❷ compelling （→ p.272）

（10）❹ seek （→ p.269）

（11）❶ unbeatable （→ p.244）

（12）❷ force （→ p.240）

さくいん

●本文中のすべての見出し語を単語・熟語に分けて掲載しています
数字はページ番号を表しています

さくいん

単語

A

☐ absence 273
☐ absorb 104
☐ accelerate 68
☐ acceptable 172
☐ accessible 117
☐ acclaimed 237
☐ accommodate 45
☐ accommodation 104
☐ accordingly 173
☐ account 156
☐ accumulation 64
☐ accurate 40
☐ accurately 64
☐ achieve 225
☐ acknowledge 24
☐ acknowledgment 164
☐ acquisition 221
☐ actively 21
☐ actual 65
☐ adapt 73
☐ addition 45
☐ additionally 253
☐ address 25
☐ adjustment 104
☐ administrative 16

☐ admire 156
☐ adopt 97
☐ advanced 181
☐ advancement 269
☐ advertising 36
☐ aerial 133
☐ affordable 245
☐ afterward 161
☐ agenda 32
☐ agreeable 116
☐ agreement 117
☐ aircraft 260
☐ align 69
☐ alike 257
☐ allocate 56
☐ allow 224
☐ allowance 193
☐ alternative 21
☐ amateur 216
☐ ambitious 237
☐ amend 40
☐ amenity 176
☐ ample 137
☐ analyze 132
☐ announcement 257
☐ annually 217
☐ anticipate 57
☐ anticipation 160
☐ appeal 273
☐ appearance 108

☐ appliance 77
☐ applicable 93
☐ application 196
☐ apply 92
☐ appreciate 105
☐ approach 209
☐ approval 129
☐ approve 132
☐ approximately 81
☐ aquarium 44
☐ architect 133
☐ arrangement 48
☐ artifact 124
☐ artificial 96
☐ artisan 204
☐ aspect 197
☐ assess 116
☐ assessment 57
☐ asset 205
☐ assignment 268
☐ assistance 17
☐ associated 104
☐ association 152
☐ assume 221
☐ assure 220
☐ attach 145
☐ attachment 196
☐ attempt 29
☐ attendance 161
☐ attendant 212

☐ attendee	148	☐ broaden	48	☐ comfort	160
☐ attire	33	☐ brochure	28	☐ commence	168
☐ attract	257	☐ budgeting	192	☐ commercial	200
☐ attractive	268			☐ commission	241
☐ author	156	**C**		☐ commitment	49
☐ authority	184			☐ compact	249
☐ authorization	213	☐ candidate	217	☐ company-issued	228
☐ authorized	268	☐ capability	69	☐ compartment	248
☐ autograph	157	☐ capable	193	☐ compatible	84
☐ automate	64	☐ capture	257	☐ compelling	272
☐ automatically	84	☐ carpeting	136	☐ compensation	209
☐ automotive	92	☐ catalyst	148	☐ compete	264
☐ availability	144	☐ cause	265	☐ competitive	193
☐ avoid	185	☐ celebrated	157	☐ competitor	36
☐ awareness	256	☐ central	204	☐ complement	252
		☐ certain	269	☐ completion	193
B		☐ certification	216	☐ compliance	116
		☐ challenge	64	☐ complicated	192
☐ balance	244	☐ charge	93	☐ complimentary	84
☐ bargain	252	☐ checklist	41	☐ comprehensive	57
☐ base	256	☐ chemical	200	☐ concerning	153
☐ beforehand	21	☐ cherish	113	☐ conclude	53
☐ behave	272	☐ circulation	180	☐ condition	116
☐ belonging	117	☐ clarification	109	☐ conduct	72
☐ beneficial	216	☐ clarify	225	☐ conference	145
☐ benefit	169	☐ clause	129	☐ confident	49
☐ beverage	164	☐ clear	133	☐ confidential	48
☐ bill	229	☐ clientele	24	☐ confirm	81
☐ bin	120	☐ closure	184	☐ conflict	116
☐ blur	272	☐ clue	272	☐ confusing	273
☐ boast	249	☐ coastal	168	☐ congestion	184
☐ boost	148	☐ coexist	240	☐ congratulation	212
☐ brief	16	☐ collaboration	241	☐ conservation	32
☐ briefly	244	☐ collaborative	240		

☐ consider	224	☐ current	228	☐ disposal	93
☐ constantly	73	☐ cutting-edge	260	☐ disruption	109
☐ construction	108			☐ distant	132
☐ consult	49	**D**		☐ distinct	256
☐ consume	32	☐ deadline	40	☐ distribution	241
☐ continuous	193	☐ deal	252	☐ diverse	153
☐ contract	128	☐ decade	44	☐ documentation	117
☐ contribution	164	☐ decision	133	☐ dominance	48
☐ convenience	244	☐ dedication	217	☐ donate	265
☐ convention	144	☐ delighted	28	☐ donation	265
☐ convey	192	☐ delightful	184	☐ dramatic	32
☐ convince	57	☐ deliver	272	☐ drawback	268
☐ convincing	272	☐ demand	156	☐ drawing	245
☐ cooperation	121	☐ demolish	112	☐ due	41
☐ corporate	16	☐ demonstrate	165	☐ durability	249
☐ correspond	77	☐ department	252	☐ duration	88
☐ corresponding	125	☐ dependability	113		
☐ countertop	76	☐ description	192	**E**	
☐ courtesy	160	☐ designated	212	☐ earnings	220
☐ cover	181	☐ despite	168	☐ eatery	113
☐ coverage	108	☐ destination	148	☐ edit	40
☐ craft	241	☐ destress	112	☐ effective	104
☐ creation	192	☐ detail	49	☐ efficiency	260
☐ creativity	216	☐ detailed	28	☐ efficient	33
☐ credit	241	☐ detect	260	☐ effortlessly	248
☐ critic	161	☐ determination	196	☐ elaborate	240
☐ critical	68	☐ diet	244	☐ electronic	88
☐ crowd	185	☐ direction	220	☐ element	204
☐ crucial	69	☐ directly	248	☐ eliminate	248
☐ cubicle	120	☐ disaster	25	☐ emergency	201
☐ cuisine	184	☐ discontinue	56	☐ emerging	149
☐ curator	125	☐ dispatch	80	☐ emphasize	108
☐ curiosity	265	☐ dispenser	248	☐ employer	268

☐ employment	212	☐ exceptionally	180	☐ external	109
☐ emporium	240	☐ excess	65	☐ extraordinary	236
☐ encounter	97	☐ excessive	77		
☐ endangered	236	☐ exclude	92	**F**	
☐ endeavor	205	☐ exclusive	88	☐ fabric	68
☐ energetic	244	☐ excursion	133	☐ face	64
☐ engage	96	☐ execute	205	☐ facet	220
☐ engaged	212	☐ execution	124	☐ facilitate	124
☐ engaging	264	☐ exhaust	76	☐ facility	164
☐ enhance	20	☐ exhibit	124	☐ factor	132
☐ enjoyable	112	☐ exhibitor	145	☐ fame	257
☐ enrich	153	☐ existing	21	☐ fascinate	236
☐ enrollment	201	☐ expand	44	☐ fascinating	176
☐ ensure	21	☐ expansive	176	☐ faulty	76
☐ enter	245	☐ expect	81	☐ feasible	52
☐ enthusiasm	205	☐ expectation	237	☐ feature	28
☐ enthusiast	161	☐ expense	32	☐ feedback	65
☐ entire	208	☐ experiment	264	☐ figure	40
☐ entirely	249	☐ experimental	40	☐ fill	208
☐ environment	173	☐ expertise	217	☐ finalize	40
☐ equally	201	☐ expertly	273	☐ financial	264
☐ equipment	52	☐ expiration	88	☐ fit	213
☐ essential	180	☐ expire	92	☐ fixture	136
☐ establish	165	☐ exploration	149	☐ flawlessly	205
☐ establishment	241	☐ explore	176	☐ flexibility	137
☐ estimate	136	☐ exponentially	257	☐ flexible	37
☐ evaluate	224	☐ exposure	240	☐ flyer	144
☐ eventually	16	☐ express	165	☐ focus	116
☐ evidence	217	☐ extend	89	☐ following	85
☐ evolve	153	☐ extended	197	☐ force	240
☐ exact	225	☐ extension	129	☐ forecast	192
☐ exceed	253	☐ extensive	88	☐ forefront	193
☐ exceptional	88	☐ exterior	108	☐ forklift	200

☐ form	236			☐ improvement	28
☐ formula	240	**H**		☐ inaccessible	108
☐ fortunate	156	☐ half-yearly	88	☐ inaugural	204
☐ fortunately	256	☐ hallway	137	☐ income	257
☐ forward	97	☐ handle	81	☐ inconvenience	24
☐ foster	164	☐ handling	200	☐ incorporate	261
☐ founder	44	☐ hardly	44	☐ increasingly	256
☐ frustrating	32	☐ harmoniously	205	☐ incredibly	245
☐ fulfill	44	☐ hassle-free	245	☐ incur	117
☐ fully	144	☐ healthcare	164	☐ independently	176
☐ function	96	☐ hence	212	☐ indicate	144
☐ functionality	261	☐ heritage	149	☐ individual	120
☐ fund	164	☐ high-end	37	☐ industrial	133
☐ fundraising	237	☐ highlight	20	☐ inexperienced	216
☐ furnishing	112	☐ high-resolution	260	☐ influence	273
☐ furthermore	108	☐ hinder	152	☐ inform	29
		☐ hire	225	☐ informative	209
G		☐ hopefully	33	☐ infrastructure	132
☐ gain	45	☐ host	156	☐ in-house	112
☐ gem	148	☐ household	77	☐ initially	128
☐ generate	77			☐ initiate	165
☐ generous	24	**I, J, K**		☐ initiative	152
☐ generously	157	☐ ideal	128	☐ innovation	248
☐ gesture	16	☐ identify	65	☐ innovative	204
☐ goggle	260	☐ illustrate	257	☐ inquiry	89
☐ grade	269	☐ immediate	72	☐ insight	221
☐ guarantee	136	☐ immediately	44	☐ inspection	76
☐ guideline	172	☐ immensely	69	☐ inspire	220
☐ gymnasium	52	☐ immersive	272	☐ install	224
		☐ impact	73	☐ installation	92
		☐ implement	32	☐ instance	97
		☐ implementation	261	☐ instant	268
		☐ impressive	216	☐ instead	212

☐ instruction	200
☐ instructional	268
☐ insulation	249
☐ insurance	193
☐ intake	76
☐ integrate	176
☐ integration	221
☐ intensive	20
☐ interaction	96
☐ interactive	264
☐ interference	77
☐ internal	224
☐ interruption	136
☐ interstate	208
☐ invaluable	68
☐ inventory	52
☐ invest	249
☐ investigate	32
☐ investor	161
☐ invisible	261
☐ invoice	84
☐ involvement	237
☐ issue	161
☐ journey	156
☐ knowledgeable	176

L

☐ laboratory	164
☐ land	133
☐ landscape	153
☐ lasting	113
☐ layout	124
☐ lead	272

☐ leading	20
☐ leak	261
☐ lean	128
☐ lease	128
☐ legacy	221
☐ license	172
☐ lifespan	77
☐ lightly	104
☐ limited	245
☐ location	80
☐ logistics	125
☐ long-standing	220
☐ loyal	24
☐ lucrative	152

M

☐ maintain	120
☐ major	208
☐ malfunction	28
☐ management	20
☐ mandatory	172
☐ manner	25
☐ mansion	105
☐ manufacturer	28
☐ mark	252
☐ massive	45
☐ material	68
☐ maximize	249
☐ maximum	92
☐ meaningful	124
☐ measurable	73
☐ measure	228
☐ memorable	273

☐ merger	48
☐ messy	248
☐ meticulously	241
☐ milestone	257
☐ mind	145
☐ minimize	77
☐ minimum	76
☐ minor	269
☐ misplaced	248
☐ modernize	108
☐ modification	129
☐ monitor	193
☐ moreover	24
☐ motivated	209
☐ mutually	116

N

☐ naturally	229
☐ navigate	185
☐ necessitate	192
☐ necessity	213
☐ nevertheless	56
☐ nomination	165
☐ notable	204
☐ notably	104
☐ note	172
☐ notification	212
☐ notify	21
☐ numerous	165
☐ nutritionist	244

O

- [ ] objective — 225
- [ ] obstruction — 117
- [ ] obtain — 229
- [ ] occupied — 80
- [ ] old-fashioned — 36
- [ ] omission — 41
- [ ] onboarding — 200
- [ ] ongoing — 64
- [ ] on-site — 213
- [ ] operate — 200
- [ ] operation — 172
- [ ] operational — 29
- [ ] opportunity — 49
- [ ] opposition — 168
- [ ] option — 16
- [ ] organization — 208
- [ ] organizational — 205
- [ ] organize — 20
- [ ] orientation — 212
- [ ] original — 121
- [ ] originally — 44
- [ ] outcome — 57
- [ ] outcome-based — 225
- [ ] outlet — 77
- [ ] outline — 28
- [ ] outreach — 164
- [ ] outstanding — 192
- [ ] overall — 116
- [ ] overnight — 85
- [ ] oversee — 52

P

- [ ] paperwork — 17
- [ ] participant — 268
- [ ] participate — 21
- [ ] party — 241
- [ ] patience — 185
- [ ] patron — 84
- [ ] pattern — 261
- [ ] payoff — 169
- [ ] payroll — 201
- [ ] performance — 20
- [ ] period — 65
- [ ] permission — 229
- [ ] persistent — 236
- [ ] personality — 73
- [ ] personally — 145
- [ ] perspective — 149
- [ ] persuasive — 37
- [ ] pharmaceutical — 220
- [ ] phase — 65
- [ ] photocopier — 80
- [ ] pioneer — 260
- [ ] pivotal — 204
- [ ] platform — 216
- [ ] plotline — 236
- [ ] plumbing — 132
- [ ] policy — 20
- [ ] popularity — 44
- [ ] portable — 245
- [ ] portfolio — 197
- [ ] portray — 236
- [ ] pose — 228

- [ ] position — 196
- [ ] postpone — 105
- [ ] potential — 36
- [ ] power — 132
- [ ] practical — 181
- [ ] practice — 149
- [ ] precision — 72
- [ ] predictable — 72
- [ ] preferable — 132
- [ ] preference — 177
- [ ] premiere — 160
- [ ] premium — 69
- [ ] present — 172
- [ ] preserve — 149
- [ ] prestigious — 160
- [ ] primarily — 68
- [ ] primary — 116
- [ ] prior — 129
- [ ] prize — 264
- [ ] proceed — 129
- [ ] process — 41
- [ ] productivity — 33
- [ ] professional — 260
- [ ] professor — 264
- [ ] proficiency — 192
- [ ] proficient — 217
- [ ] profit — 40
- [ ] profitable — 45
- [ ] project — 168
- [ ] prominent — 161
- [ ] promising — 37
- [ ] promote — 37
- [ ] promotion — 93

☐ promptly	25	☐ recipient	165	☐ reorganization	124
☐ proof	172	☐ recognition	216	☐ replacement	76
☐ properly	29	☐ reconsider	33	☐ replenishment	65
☐ property	104	☐ recreational	144	☐ reply	161
☐ proposal	152	☐ recruit	212	☐ representative	89
☐ propose	56	☐ redeem	92	☐ reputation	137
☐ prospective	217	☐ reduce	177	☐ requirement	268
☐ protect	181	☐ reduction	65	☐ reserve	144
☐ protocol	261	☐ reference	196	☐ residency	105
☐ prove	56	☐ refreshment	229	☐ resident	168
☐ provision	128	☐ regarding	125	☐ residential	132
☐ publicity	160	☐ regional	148	☐ resistant	125
☐ publishing	84	☐ register	84	☐ resource	265
☐ purchase	244	☐ regret	105	☐ respectfully	152
☐ purpose	213	☐ regulation	104	☐ responsibility	200
☐ pursue	165	☐ reimburse	109	☐ restore	121
		☐ relatively	216	☐ restriction	173

Q

		☐ release	40	☐ retail	45
☐ qualification	209	☐ relevant	72	☐ retain	25
☐ qualify	84	☐ reliability	137	☐ retreat	112
☐ quantity	84	☐ relocation	228	☐ reveal	204
☐ quarterly	192	☐ remain	185	☐ revealing	72
☐ query	137	☐ remainder	144	☐ review	196
☐ quote	136	☐ remark	148	☐ revolutionary	96
		☐ remarkable	156	☐ role	197

R

		☐ remarkably	96	☐ roster	53
		☐ reminder	181	☐ rotate	76
☐ raise	168	☐ remote	113	☐ routine	116
☐ rate	80	☐ removable	249	☐ ruin	176
☐ rearrange	124	☐ renewable	168		
☐ reasonable	53	☐ renewal	88		
☐ reassess	56	☐ renovation	129		
☐ reassure	221	☐ renowned	153		
☐ reception	208				

S

☐ sacrifice	169
☐ satisfied	24
☐ scale	237
☐ scarcity	152
☐ scenic	168
☐ scholarship	165
☐ scope	136
☐ scratch	76
☐ screening	160
☐ seamless	228
☐ secretarial	113
☐ sector	153
☐ secure	228
☐ seek	269
☐ seemingly	208
☐ sentimental	264
☐ setting	272
☐ shade	180
☐ shift	120
☐ shortcoming	269
☐ shorten	77
☐ showcase	20
☐ significant	28
☐ significantly	72
☐ simplify	249
☐ simply	252
☐ situation	80
☐ skilled	256
☐ skillfully	256
☐ sleek	249
☐ slot	52
☐ smooth	65
☐ soil	180
☐ solution	32
☐ sophistication	96
☐ source	68
☐ souvenir	176
☐ spacious	112
☐ span	252
☐ specialized	260
☐ specific	148
☐ spirit	205
☐ spokesperson	240
☐ sponsor	56
☐ spot	128
☐ staff	209
☐ standard	69
☐ standout	248
☐ state	240
☐ status	65
☐ steady	248
☐ sticker	252
☐ stimulate	264
☐ stipulate	225
☐ storage	213
☐ strategic	48
☐ strategy	240
☐ streamline	64
☐ strength	180
☐ strengthen	221
☐ stress	125
☐ structure	112
☐ submit	33
☐ subscription	88
☐ subsidize	165
☐ substantial	72
☐ substantially	25
☐ suburb	45
☐ successful	144
☐ sufficient	76
☐ suitability	197
☐ suitably	192
☐ suited	180
☐ summarize	96
☐ superior	89
☐ supervision	204
☐ supervisor	49
☐ supply	169
☐ surge	68
☐ surpass	237
☐ surplus	57
☐ survey	144
☐ sustainability	256
☐ sustainable	149
☐ switch	224

T

☐ tackle	64
☐ tailor	20
☐ talented	152
☐ target	153
☐ technical	216
☐ technician	80
☐ temporarily	228
☐ temporary	213
☐ term	128
☐ termination	128

☐ theme	148	☐ unexpected	269	☐ viewership	237
☐ therefore	145	☐ unfold	273	☐ vital	269
☐ tough	169	☐ uninterrupted	88	☐ volume	253
☐ thriving	44	☐ unlike	72		
☐ throughout	213	☐ unorganized	248	**W, Y**	
☐ tidy	120	☐ unrelated	209		
☐ timber	256	☐ unveil	148	☐ wander	272
☐ timeline	137	☐ unwavering	237	☐ warehouse	64
☐ timely	69	☐ upcoming	52	☐ warranty	29
☐ tip	180	☐ updated	40	☐ waste	172
☐ tool	172	☐ urban	149	☐ webinar	24
☐ track	64	☐ urgent	105	☐ weekly	228
☐ transfer	85	☐ urgently	80	☐ widespread	112
☐ transition	49	☐ usage	116	☐ wildlife	236
☐ transport	173	☐ utility	105	☐ win	245
☐ trash	121	☐ utilize	108	☐ wing	124
☐ treasure	273			☐ work	52
☐ treat	177	**V**		☐ workload	209
☐ truly	68			☐ workout	244
☐ typically	217	☐ vacant	196	☐ workshop	20
		☐ vacuum	120	☐ workspace	17
U		☐ valid	92	☐ worthy	265
		☐ valuable	24	☐ yield	72
☐ ultimately	169	☐ value	24		
☐ unauthorized	29	☐ valued	156		
☐ unaware	96	☐ vary	136		
☐ unbeatable	244	☐ varying	72		
☐ uncover	272	☐ vast	45		
☐ undeniable	268	☐ vehicle	92		
☐ undeniably	48	☐ vendor	184		
☐ undergo	124	☐ venture	236		
☐ underneath	121	☐ venue	153		
☐ undertake	108	☐ verify	77		
☐ underway	97	☐ via	85		

熟語・その他

A

☐ a couple of ～	132
☐ a great deal of ～	196
☐ a large amount of ～	200
☐ a number of ～	113
☐ a series of ～	221
☐ a variety of ～	64
☐ a wide range of ～	176
☐ accompanying document	196
☐ add A to B	252
☐ adhere to ～	160
☐ advance notice	104
☐ (be) affected by ～	273
☐ ahead of time	201
☐ aim for ～	133
☐ aim to do	240
☐ airline industry	260
☐ allow for ～	76
☐ along with ～	92
☐ among other things	113
☐ an array of ～	184
☐ appoint A to B	200
☐ as a token of one's gratitude	89
☐ as of ～	157
☐ as part of ～	120
☐ A as well as B	21
☐ aside from ～	184
☐ aspire to do	237
☐ assign A to B	97
☐ associated fee	129
☐ at least	56
☐ at no extra charge	89
☐ at the latest	144

B

☐ bank account	85
☐ (be) based on ～	236
☐ be about to do	220
☐ be affected by ～	273
☐ be available for ～	52
☐ be aware of ～	73
☐ be based on ～	236
☐ be committed to ～	69
☐ be compatible with ～	33
☐ be conscious of ～	249
☐ be dedicated to ～	89
☐ be eager to do	160
☐ be eligible for ～	80
☐ be equipped with ～	260
☐ be familiar with ～	16
☐ be fit for ～	196
☐ be glued to ～	237
☐ be honored for ～	164
☐ be in charge of ～	125
☐ be instrumental in ～	221
☐ be involved in ～	56
☐ be keen on ～	49
☐ be known for ～	168
☐ be likely to do	241
☐ be located	121
☐ be made up of ～	208
☐ be open to ～	68

☐ be open to the public — 48
☐ be responsible for ~ — 120
☐ be scheduled for ~ — 212
☐ be skeptical about ~ — 36
☐ be thrilled to *do* — 156
☐ be willing to *do* — 197
☐ bear in mind — 29
☐ behind schedule — 52
☐ beyond *one's* control — 21
☐ board of directors — 40
☐ bother *A* with *B* — 41
☐ breathtaking view — 113
☐ bring about — 45
☐ bring along — 53
☐ bring in — 21
☐ budget cut — 56
☐ budget proposal — 193
☐ bulk order — 68

C

☐ catch up with ~ — 228
☐ city council — 52
☐ coincide with ~ — 145
☐ combine *A* with *B* — 92
☐ combining forces — 48
☐ come with ~ — 200
☐ compel *A* to *do* — 152
☐ conference room — 53
☐ consider *doing* — 185
☐ continue to *do* — 48
☐ contribute to ~ — 261
☐ contribute *A* towards *B* — 264
☐ cope with ~ — 97

☐ corporate image — 73
☐ customer base — 257

D

☐ deprive *A* of *B* — 152
☐ discourage *A* from *doing* — 25
☐ dispose of ~ — 256
☐ dress code — 160
☐ drop off — 17
☐ due to ~ — 253

E

☐ embark on ~ — 264
☐ employment agency — 209
☐ enable *A* to *do* — 268
☐ encourage *A* to *do* — 21
☐ (be) equipped with ~ — 260
☐ executive committee — 57
☐ expect to *do* — 157
☐ express fee — 69

F

☐ feel free to *do* — 176
☐ fill out — 201
☐ flexible working hours — 224
☐ focus on ~ — 225
☐ for instance — 217
☐ for your convenience — 173
☐ free of charge — 173
☐ from time to time — 201

G

- [ ] general affairs department — 29
- [ ] get accustomed to ~ — 17
- [ ] get to ~ — 16
- [ ] (be) glued to ~ — 237
- [ ] go ahead with ~ — 57
- [ ] go through ~ — 80

H

- [ ] hands-on experience — 216
- [ ] hardware store — 180
- [ ] head over to ~ — 16
- [ ] hesitate to *do* — 109
- [ ] highly regarded — 36
- [ ] Human Resources — 16

I

- [ ] identification badge — 213
- [ ] immediate family — 89
- [ ] in accordance with ~ — 96
- [ ] in addition to ~ — 169
- [ ] in advance — 157
- [ ] in an attempt to *do* — 36
- [ ] in case ... — 17
- [ ] in conclusion — 205
- [ ] in detail — 69
- [ ] in fact — 117
- [ ] information package — 208
- [ ] in no time — 25
- [ ] in order — 136
- [ ] in parallel — 149
- [ ] in particular — 197

- [ ] in person — 156
- [ ] in preparation for ~ — 57
- [ ] in recognition of ~ — 164
- [ ] inspire *A* to *do* — 241
- [ ] instead of ~ — 224
- [ ] intend to *do* — 136
- [ ] interact with ~ — 157
- [ ] in the event that ... — 28
- [ ] introduce *A* to *B* — 244
- [ ] invest *A* in *B* — 37

J, K

- [ ] job fair — 208
- [ ] job seeker — 209
- [ ] keep in mind — 129
- [ ] keep an eye on ~ — 73
- [ ] keep track of ~ — 224

L

- [ ] labor cost — 96
- [ ] laundry detergent — 36
- [ ] lead to ~ — 45
- [ ] letter of reference — 137
- [ ] look to *do* — 208

M, N

- [ ] make sense — 36
- [ ] make sure to *do* — 181
- [ ] make use of ~ — 109
- [ ] make waves — 256
- [ ] manage to *do* — 204
- [ ] mark down — 252
- [ ] marketing strategy — 37

□ market share	36
□ move forward with ～	132
□ no longer	112
□ not only *A* but also *B*	25

O

□ office supplies	84
□ on behalf of ～	152
□ on offer	180
□ on *one's* own	229
□ on the rise	32
□ operating cost	32
□ out of sight	17
□ owing to ～	97

P, Q

□ paid leave	193
□ photo identification	172
□ pick up	128
□ play a role in ～	168
□ Please be advised that ...	88
□ point out that ...	56
□ press release	48
□ product demonstration	36
□ prohibit *A* from *doing*	173
□ promise to *do*	177
□ provide *A* with *B*	81
□ proximity to ～	112
□ publishing house	196
□ quick fix	244

R

□ reach out to ～	125
□ refer to ～	125
□ refer to *A* as *B*	148
□ refrain from ～	28
□ relocate *A* to *B*	124
□ remind *A* to *do*	41
□ require *A* to *do*	224
□ rest assured that ...	109
□ result from ～	29
□ result in ～	273
□ run into ～	29
□ run low	121
□ running costs	120
□ run out	228

S

□ sell out	157
□ send out	80
□ serve as ～	117
□ show ～ around	16
□ sort out	65
□ specialize in ～	44
□ stay tuned	185
□ step down	220
□ storage shed	17
□ strive to *do*	104

T

□ take advantage of ～	252
□ take into consideration	128
□ take effect	224

☐ take into account   136
☐ take note   184
☐ take over   220
☐ take up   180
☐ tend to *do*   185
☐ To whom it may concern   204
☐ traffic flow   184
☐ transform *A* into *B*   236

U, V

☐ under any circumstances   108
☐ under way   184
☐ unit price   84
☐ up close   133
☐ up to ～   253
☐ upward trend   105
☐ urge *A* to *do*   265
☐ vice president   220

W, Y

☐ warn *A* about *B*   37
☐ wear and tear   117
☐ when it comes to ～   24
☐ wipe down   120
☐ within walking distance   113
☐ work out   225
☐ You are cordially invited to *do*   160

MEMO